Niveau intermédiaire

A2/B1

Communication

en dialogues

D1561202

Évelyne Siréjols

CLE
INTERNATIONAL

www.cle-international.com

Direction éditoriale : Béatrice Rego
Édition : Noëlle Rollet
Mise en pages : Domino
Enregistrement : Bund
Couverture : Dagmar Stahringer
Maquette intérieure : Griselda Agnesi et Domino

© CLE International 2018
ISBN : 978-209-038063-7

AVANT-PROPOS

Communication en dialogues s'adresse à un public d'étudiants adolescents ou adultes de niveau intermédiaire, désireux d'acquérir et de mettre en pratique les expressions et tournures qui permettent d'agir et de réagir dans les situations les plus courantes de la vie quotidienne, administrative, professionnelle et universitaire.

Ce livre correspond aux niveaux **A2** et **B1** du CECRL. Il peut être utilisé :
- en **auto-apprentissage** grâce au corrigé de toutes les activités ;
- en atelier oral pour la compréhension et la production ;
- en séance de conversation guidée ;
- en classe de langue **en complément d'une méthode ou d'un livre de grammaire**.

Il permet de développer les manières de dire, d'acquérir un savoir-faire et de se familiariser avec des compétences culturelles dans des **contextes spécifiques**.

Ce manuel, qui a pour objectif de favoriser les échanges, est articulé autour de cinq grands axes **:** **les échanges amicaux**, **les échanges quotidiens**, **parler de soi et des autres**, **les échanges administratifs et professionnels** et enfin **argumenter**. Les supports thématiques couvrent des centres d'intérêt de la vie actuelle en milieu francophone, tels que la solidarité, l'écologie, les événements culturels, la colocation.

Le livre se compose de 24 chapitres, indépendants les uns des autres, qui proposent chacun :
- **deux dialogues enregistrés** mettant en scène des personnages confrontés à des situations réalistes. Des activités progressives sont proposées pour guider la compréhension.
- **des exemples d'expressions courantes pour chaque acte de paroles, avec des explications lexicales et socioculturelles**, portant aussi parfois sur la grammaire et la conjugaison pour en favoriser l'acquisition. Des nuances correspondant aux niveaux de langue (familier, soutenu, informel, formel) sont apportées.
- **des exercices variés** de **sélection** et de **réemploi** et des activités progressives de **production** pour amener chacun à gagner en autonomie dans ses compétences communicatives à l'oral et à l'écrit.

À la fin de chaque grande partie, un **bilan** permet de revoir à travers des exercices les différentes manières de dire étudiées dans les leçons précédentes. À la fin du livre, figure également un **lexique français** des mots et locutions pour retrouver chaque expression en contexte.

Un CD joint au livre regroupe **48 dialogues enregistrés**, ce qui permet d'écouter **des voix variées avec des registres de langue différents**, une ressource intéressante pour travailler la compréhension orale en classe ou en autonomie.

Tous les exercices et activités de production sont corrigés dans le livret joint au livre, où figure aussi le lexique traduit en **anglais**, en **espagnol** et en **chinois**.

Je souhaite que ce livre offre aux étudiants l'occasion de surmonter leur peur de prendre la parole et de découvrir le plaisir de communiquer en français et qu'il apporte aux enseignants un outil complet, facile d'utilisation et varié pour animer les séances d'oral.

Évelyne Siréjols

Pictogrammes utilisés pour indiquer le registre de langue :

: registre informel ou familier.

: registre formel ou soutenu.

SOMMAIRE

INVITER, ACCEPTER, REFUSER, S'EXCUSER

■ *INVITATION À LA CAMPAGNE* piste 1

Géraldine : Coucou Camille, tu vas bien ?

Camille : Ah c'est toi, Géraldine, ça me fait plaisir que tu m'appelles… Oui ça va mais, tu sais quoi ? J'irais bien faire un tour à la campagne maintenant qu'il commence à faire beau…

Géraldine : Justement je te propose de venir avec nous ce week-end. On part vendredi soir et on rentre dimanche. Les parents d'Augustin ont une petite maison dans un joli village et ils nous la prêtent ce week-end. Ça te dirait ?

Camille : Super ! Et vous m'emmenez en voiture ?

Géraldine : Bien sûr. Viens nous rejoindre à la maison vendredi pas trop tard.
Je préparerai des sandwichs. Prends des pulls, car il fait encore frais à la campagne.
On fera du feu dans la cheminée et dans la journée on ira faire une grande promenade dans la forêt tout près.

Camille : Trop cool. Qu'est-ce que j'apporte ?

Géraldine : Ne t'inquiète pas, on ira faire les courses samedi ensemble et on mangera dehors si le temps le permet. Mais tu peux prendre une bouteille de vin.

Camille : D'accord. Tu es géniale. Mille mercis.

Géraldine : Alors à vendredi et ne sois pas en retard pour une fois, hein… Bisous !

Camille : Promis, bisous et la bise à Augustin.

◀᠍ 1. Écoutez et cochez la bonne réponse.

1. Cette conversation se passe : ☐ dans un café. ☐ au téléphone. ☐ chez elles.

2. Les deux personnes : ☐ sont proches. ☐ se connaissent mal.

◀᠍ 2. Écoutez et cochez la bonne réponse.

	Vrai	Faux
1. Géraldine invite Camille à la campagne pour le week-end	☐	☐
2. Camille hésite à accepter l'invitation.	☐	☐
3. Géraldine et Augustin possèdent une maison à la campagne.	☐	☐
4. Cette maison est très loin.	☐	☐
5. Ils vont emmener Camille en voiture.	☐	☐
6. Le rendez-vous est vendredi soir en bas de chez Camille.	☐	☐
7. Ils vont faire du feu dans la cheminée car il fait encore frais.	☐	☐
8. Ils feront les courses ensemble sur place.	☐	☐
9. Ils projettent de faire une promenade sur la plage.	☐	☐
10. S'il fait beau, ils mangeront dehors.	☐	☐
11. Camille apportera une bouteille de vin.	☐	☐

■ DANS LA RUE DE ROME, À PARIS piste 2

Pierre : Véronique, quelle surprise de te rencontrer ! Justement je pensais à toi…

Véronique : Bonjour Pierre, comment vas-tu ?

Pierre : Très bien merci. Je pensais à toi parce que j'ai deux places pour aller voir samedi *Les Caprices de Marianne* à la Comédie-Française. Liliane devait m'accompagner mais elle a un empêchement, un dîner avec une cousine. Si tu es libre, je serais très heureux de t'inviter.

Véronique : Merci Pierre c'est gentil, mais j'ai donné rendez-vous à mon ancienne responsable samedi pour dîner dehors.

Pierre : Quel dommage, tu ne pourrais pas décaler votre dîner ?

Véronique : C'est un peu délicat mais l'idée d'aller au théâtre me plairaît bien, de plus j'adore Musset. Écoute je vais appeler tout de suite mon ancienne collègue pour savoir si c'est possible.
(Au téléphone)

Véronique : Allô, Cécile, c'est Véronique, je suis désolée de vous appeler quand vous êtes au bureau mais vous pensez qu'on pourrait repousser notre dîner de samedi ?… Ah, vous n'êtes plus libre samedi soir. Ça m'arrange aussi. Dans ce cas, on pourrait déjeuner ensemble dimanche, ça vous irait ?… Bon, parfait, on se rappelle plus tard pour fixer notre rendez-vous. À très bientôt.

Véronique : Voilà, je suis libre.

Pierre : Formidable. Je te propose de nous retrouver devant le théâtre à 19 h 45, ça te convient ?

Véronique : C'est parfait, à samedi alors. Embrasse Liliane de ma part.

Pierre : Je n'y manquerai pas. Bonne fin de journée.

Véronique : Merci. Au revoir Pierre, à samedi.

◀ 1. Écoutez et cochez la bonne réponse.

1. Cette conversation se passe : ☐ dans la rue. ☐ au téléphone. ☐ dans un théâtre.

2. Les deux personnes se connaissent : ☐ bien. ☐ peu. ☐ pas du tout.

3. Elles sont : ☐ de la même génération. ☐ jeunes. ☐ d'un certain âge.

4. Le ton de l'échange est plutôt : ☐ soutenu. ☐ amical. ☐ familier.

5. La communication avec l'ancienne responsable est sur un ton : ☐ formel. ☐ informel.

◀ 2. Relevez dans le dialogue les expressions pour inviter, proposer ; accepter ; refuser.

◀ 3. Répondez.

1. Que propose Pierre à Véronique ? _____

2. Pourquoi Véronique refuse-t-elle ? _____

3. Quelle solution trouve-t-elle ? _____

4. Quels sont le lieu et l'heure du rendez-vous ? _____

POUR PROPOSER, INVITER

 • On va à la campagne ce week-end, ça te dit ? / tu viens avec nous ?

• Un petit week-end à la campagne, ça te tente ? Qu'est-ce que tu en dis ?

• Et si on allait à la campagne dimanche?

• On pourrait faire un tour à la campagne dimanche, non ? Tu es partante ?

• J'ai envie d'aller au ciné, tu m'accompagnes ? / J'irais bien me faire une toile, pas toi ?

 • Je vais au théâtre la semaine prochaine, seriez-vous libre pour m'accompagner ? / voudriez-vous venir avec moi ?

• Je serais ravi de vous inviter à la campagne ce week-end. Seriez-vous d'accord ? / Cela vous tenterait ?

• Cela vous ferait-il plaisir de m'accompagner au théâtre la semaine prochaine ?

POUR REMERCIER ET ACCEPTER

 • Quelle bonne idée ! Super c'est une excellente idée.

• Génial, mille mercis ! Merci, avec grand plaisir.

• Oui je suis d'accord.

• Merci beaucoup. On se retrouve où et à quelle heure ?

• Ça marche, je n'ai rien de prévu / Pourquoi pas ! *(sans enthousiasme)*

 • Oh, je vous remercie…

• C'est une excellente idée, j'adore le théâtre.

• Très volontiers.

• J'accepte avec grand plaisir.

• Quelle merveilleuse idée !

• Vous êtes tellement gentille !

• J'accepte avec joie.

POUR REFUSER ET DONNER UNE EXCUSE

 • Merci mais ce n'est pas possible, je dois aller chez une amie.

• C'est gentil mais je ne suis pas libre, je travaille tard en ce moment.

• Quel dommage, c'est impossible, j'ai un rendez-vous prévu depuis longtemps.

• Désolée mais je ne peux pas, je dois réviser un examen.

• Je regrette, j'ai déjà quelque chose de prévu ce soir. Ce sera pour une autre fois.

 • Je vous remercie mais malheureusement, je ne suis pas libre, je dois voir une amie.

• Je regrette mais je serai en déplacement. Je suis désolée, je ne serai pas ici à ce moment-là.

• Je suis sincèrement touché(e) de votre invitation mais ce n'est pas possible car je dîne chez des amis.

• J'aurais bien aimé, malheureusement ce ne sera pas possible.

• J'aurais accepté avec grand plaisir, mais c'est l'anniversaire de ma sœur.

• Je regrette de ne pouvoir vous accompagner, mais je dois garder ma petite fille.

POUR PROPOSER UNE AUTRE RENCONTRE, UNE AUTRE ACTIVITÉ

 • Je te propose de faire un petit dîner quelque part en fin de semaine.

• Et le week-end prochain, c'est possible pour toi ?

• On pourrait prendre un verre en fin de semaine.

• Ce n'est que partie remise…

• J'aimerais beaucoup vous revoir bientôt. Je vous appelle sans faute.

• Nous pourrions nous voir dimanche prochain ?

• Je vous propose de nous retrouver le week-end prochain.

> ### ▶ *Remarques*

• Pour proposer une activité et inviter, on utilise souvent le conditionnel de politesse.
« Tu veux aller au cinéma avec moi demain soir ? » est plus direct et moins poli que « Tu voudrais aller au cinéma avec moi demain soir ? »

– *Ça vous ferait plaisir de venir dîner à la maison cette semaine ?*

– *Ça te dirait de faire une promenade sur les quais dimanche ?*

Les formes du conditionnel les plus utilisées dans cette situation sont les suivantes :

Vouloir	je voudrais	tu voudrais	on voudrait	nous voudrions	vous voudriez
Avoir envie	j'aurais envie	tu aurais envie	on aurait envie	nous aurions envie	vous auries envie
Aimer	j'aimerais	tu aimerais	on aimerait	nous aimerions	vous aimeriez
Pouvoir	je pourrais	tu pourrais	on pourrait	nous pourrions	vous pourriez
Dire	ça me dirait	ça te dirait	-	ça nous dirait	ça vous dirait
Plaire	ça me plairait	ça te plairait	-	ça nous plairait	ça vous plairait
Faire plaisir	ça me ferait plaisir	ça te ferait plaisir	-	ça nous ferait plaisir	ça vous ferait plaisir
Accepter	j'accepterais	tu accepterais	on accepterait	nous accepterions	vous accepteriez

• Pour exprimer un regret, une impossibilité, on peut utiliser le **conditionnel passé.**

– *J'**aurais** bien **aimé** aller au…*

– *On **aurait** bien **voulu** vous accompagner mais….*

• Pour proposer, on peut aussi utiliser la formule « *Et si tu/vous/nous/on* » + **imparfait.**

– *Et si on prenait un verre demain soir ?*

– *Et si nous partions ensemble à la campagne ce week-end !*

• Quand on refuse une invitation/proposition, il est poli de justifier en donnant une raison.
On peut utiliser « *parce que* » ou simplement marquer une pause. Dans un registre plus soutenu, on peut employer « *car* ». Ces deux expressions sont suivies de l'indicatif.

– *Désolée, je ne peux pas assister à la conférence parce que je travaille encore à 17 h.*

– *Désolée, je ne peux pas assister à la conférence ; je travaille encore à 17 h.*

– *Désolée, je ne peux pas assister à la conférence car je travaille encore à 17 h.*

---

1. **a. Lisez ces phrases et indiquez si elles indiquent une invitation (I), une acceptation (A) ou un refus (R).**

	Invitation	Acceptation	Refus
1. *Ça te dirait de voir un film ce soir ?*	☑	☐	☐
2. Je regrette mais je suis épuisée et je ne veux pas sortir.	☐	☐	☐
3. Super, voilà une excellente idée !	☐	☐	☐
4. J'aurais bien aimé mais je suis pris demain	☐	☐	☐
5. Et si on se faisait une toile ?	☐	☐	☐
6. Ca te tenterait d'aller au ciné demain soir ?	☐	☐	☐
7. Dommage mais je ne suis pas libre	☐	☐	☐
8. Excellente idée !	☐	☐	☐

b. Relisez ces phrases et indiquez si elles appartiennent à un registre soutenu ou familier.

• Registre soutenu : _____

• Registre familier : **1,** _____

2. **Reliez les éléments qui se répondent.**

1. *J'aimerais beaucoup vous inviter à dîner vendredi soir*

2. Tu serais libre dimanche pour un restau ?

3. Ça me dirait bien de visiter un musée dimanche, pas toi ?

4. Je voudrais vous inviter au concert samedi 12 février. Seriez-vous libre ?

5. J'ai très envie de faire un repas de fruits de mer ce soir, ça te dit ?

a. Génial, je n'ai rien de prévu. Tu passes me prendre vers midi ?

b. Oh, c'est vraiment adorable mais le 12 j'ai un dîner de famille.

c. Pourquoi pas, il y a longtemps qu'on n'en a pas mangé.

d. *C'est très gentil mais j'ai des places de concert pour sortir avec ma mère vendredi.*

e. C'est une super idée, on pourrait aller visiter le musée d'Art moderne.

3. **Reformulez ces phrases dans un registre plus soutenu.**

✏ *Exemple : Désolé, demain soir c'est impossible !* → ***Je suis désolée mais demain soir je ne suis pas libre.***

1. On pourrait aller au ciné ce soir, ça te tente ? _____

2. Et si on se faisait une expo ? _____

3. Tu es libre demain pour déjeuner ? _____

4. Je vais prendre un café, tu viens ? _____

5. Ça marche pour demain midi trente. _____

4. **Reformulez ces phrases dans un registre plus familier.**

✏ *Exemple : Seriez-vous disponible samedi prochain pour m'accompagner au théâtre ? J'ai deux places pour* Les Femmes savantes.

Vous seriez/Tu serais partant pour aller au théâtre voir Les Femmes savantes samedi prochain, j'ai deux places.

1. Je te remercie mais je suis vraiment désolé car j'ai déjà un engagement vendredi soir.

_____

2. Je serai très heureuse de vous emmener samedi prochain à la campagne, seriez-vous libre ?

_____

3. Je suis absolument désolée mais demain midi je ne serai pas disponible. Pourrions-nous remettre ce déjeuner à vendredi ?

_____

4. C'est tellement gentil à vous ; je serai ravie d'assister à cette conférence avec vous

_____

5. **Production orale. Une amie vous a laissé un message pour aller ce soir au cinéma. Vous n'êtes pas libre et vous donnez une excuse. Vous l'appelez et lui laissez un message.**

OFFRIR, REMERCIER

■ *SOUVENIRS DE ROME* piste 3

Marion : Regarde, grand-mère, ce que je t'ai rapporté de Rome.

Grand-mère : Oh mais il ne fallait pas, ma petite Marion. Tu es tellement gentille. Qu'est-ce que c'est ?

Marion : Ouvre le paquet et tu sauras. Je crois que ça va te plaire.

Grand-mère : Le paquet est bien joli… Oh, une écharpe ! Qu'elle est belle… et douce !

Marion : Normal, c'est de la soie. Tu aimes ces couleurs ?

Grand-mère : J'adore ces tons pastel pour l'été. Viens que je t'embrasse. Mais tu fais des folies alors que tu n'as pas beaucoup d'argent. Je te remercie de penser à moi en voyage. Justement, ça tombe bien, j'ai oublié la mienne dans un taxi la semaine dernière, celle que ta mère m'avait offerte l'an dernier. En fait, elle ne me plaisait  pas beaucoup, mais tu ne lui diras pas, hein ? Vraiment, ça me fait très, très plaisir.

Marion : Promis. Et puis j'ai autre chose pour toi, regarde.

Grand-mère : Oh, un livre de photos de Rome. Tu me gâtes. Tu sais que j'adore cette ville ; ça fait bien longtemps que je n'y suis pas retournée. Les photos sont superbes ; regarde celle-ci du Panthéon, et celle-là, du Forum. Vraiment merci ma petite Marion. Tu es adorable !

Marion : Ça me fait plaisir et puis je ne t'avais rien offert à Noël.

Grand-mère : Allez, je vais te préparer un thé et tu vas me raconter ton voyage. Ça me donnera envie de repartir à travers le monde !

1. Écoutez et répondez.

1. Quel est le lien de parenté entre les deux personnes ? _____

2. Semblent-elles proches ? Pourquoi ? _____

3. Pourquoi Marion apporte-t-elle des cadeaux ? (Deux raisons.)

_____

_____

4. Quels cadeaux offre-t-elle ? _____

2. Relevez les expressions employées pour annoncer un cadeau ; adresser un reproche gentil ; remercier.

■ *LE POT DE DÉPART DE BENJAMIN* piste 4

(Dernière journée de stage de Benjamin.)

Le directeur du personnel : Chers collègues, quand Benjamin est arrivé parmi nous, il faut bien l'avouer, à part faire des photocopies et nous apporter le café, il ne savait pas faire grand-chose… Mais il a su faire sa place. En effet, après six mois dans notre société, il a appris beaucoup et, surtout, il a su se faire apprécier de tous. Benjamin, vous allez nous manquer mais peut-être reviendrez-vous plus tard travailler chez nous ? Aujourd'hui, je suis heureux de vous remettre de la part de la direction cette tablette ; elle vous servira dans votre vie professionnelle, j'en suis sûr.

Benjamin : Je vous remercie de la confiance que vous m'avez accordée et de ce superbe cadeau qui me sera effectivement très utile, pas seulement dans mon travail. Je tiens également à remercier les collègues qui m'ont aidé dès mon arrivée et auprès de qui j'ai découvert la réalité du travail d'équipe.

Une collègue : Nous aussi, Benjamin, on a un petit cadeau pour toi, de la part de l'équipe …

Benjamin : Génial, un abonnement cinéma pour l'année ! Vous êtes trop cool. Merci mille fois.

Une collègue : Et puis on ne risquait pas de se tromper : tous les lundis, tu nous faisais le quart d'heure Monsieur Cinéma à la pause-café ! D'ailleurs, on espère bien que tu vas continuer à nous envoyer tes commentaires sur les films à voir maintenant que tu as une tablette.

Benjamin : Ça, c'est sûr.

Le directeur du personnel : Et maintenant, trinquons à l'avenir de Benjamin. Champagne !

◀╡ 1. Écoutez et répondez.

1. Quelle est l'occasion de cette fête ? _____

2. Quel(s) cadeau(x) offre : le directeur du personnel ? _____
la collègue ? _____

3. Que se passe-t-il avant la remise du premier cadeau ?

_____

4. Qui se vouvoie ? Qui se tutoie ?

_____

5. Qui emploie un ton familier envers qui ? Un ton formel ?

_____

◀╡ 2. Relevez les expressions employées :

• par le directeur, pour présenter son cadeau ;

• par la collègue, pour présenter son cadeau ;

• par Benjamin (remerciements et commentaires) pour recevoir le cadeau du directeur ;
de la collègue.

POUR OFFRIR

 • J'ai un petit cadeau/quelque chose pour toi.

• Regarde/Tiens, je t'ai apporté une surprise/un petit quelque chose/une babiole/un petit souvenir.

• J'ai pensé à toi. Regarde ce que je t'ai trouvé...

• Et voilà un petit cadeau pour toi./ C'est pour toi.

 • Je vous ai rapporté un petit souvenir de mon dernier voyage.

• J'ai un petit cadeau pour vous.

• J'ai choisi ce cadeau pour vous, il me semble que ça devrait vous plaire...

• J'ai le plaisir de vous offrir ce présent.

• Nous sommes très heureux de vous offrir ceci.

POUR REMERCIER

 • Oh, merci ça me fait trop plaisir.

• Super. J'adore, merci.

• Je te remercie, c'est trop joli.

• Mais tu me gâtes... / Comme je suis gâté(e)...

• Merci mille fois, j'adore !

 • Mais vous avez fait des folies... C'est magnifique ! Je vous remercie.

• Il ne fallait pas, je vous remercie du fond du cœur.

• Merci, ça me touche beaucoup/ ça me fait très plaisir/ ça me va droit au cœur.

• Je vous remercie infiniment.

POUR RÉPONDRE À UN REMERCIEMENT

 • De rien.

• Avec plaisir.

• Tant mieux si tu aimes.

• Ce n'est pas grand-chose.

 • Je suis heureux que ça te fasse plaisir.

• Je suis ravi que ça vous plaise.

• Je vous en prie, tout le plaisir est pour moi/nous.

> **▶ Remarques**
> • En France, on doit ouvrir le cadeau dès qu'on vous l'offre, contrairement à d'autres pays où ce serait impoli.
> • Dans le langage jeune, « **trop** » remplace « **très** » : « *C'est trop beau.* » = « *C'est très beau.* »
> • Quand on reçoit un cadeau, on doit toujours remercier et éventuellement ajouter un petit commentaire : « *Ça me plaît beaucoup, c'est très joli, ça me fait très plaisir...* ». Si vous n'aimez pas trop le cadeau, contentez-vous d'une phrase un peu neutre comme : « *c'est très original.* », « *c'est intéressant, curieux.* »
> • Pour exprimer sa satisfaction, son plaisir on utilise des formules comme « ***je suis heureux/euse, content(e), ravi(e) que....* »** suivies du subjonctif présent.
> — *Je suis heureux que ça te/vous plaise.* (plaire)
> — *Je suis contente que ça te/vous fasse plaisir.* (faire)   ● ● ●

● ● ●

– *Je suis ravi que ça t'/vous aille bien.* (aller)
– *Nous sommes heureux que ce soit à votre goût.* (être)
– *Nous sommes heureux que tu sois/vous soyez content.* (être)
– *Je suis ravie que tu ne l'aies pas/vous ne l'ayez pas déjà.* (avoir)

▶ *Proverbes et expressions d'usage*
– *Les petits cadeaux entretiennent l'amitié.*
– *C'est le geste qui compte.* (Pour un cadeau qui n'a pas beaucoup de valeur.)

1. **a. Lisez les phrases suivantes et indiquez si elles correspondent à la présentation d'un cadeau, à un remerciement ou à une réponse à un remerciement.**

	Présentation	Remerciement	Réponse au remerciement
1. *C'est vraiment très joli, je vous remercie.*	☑	☐	☐
2. J'ai une surprise pour toi.	☐	☐	☐
3. Ce n'est pas grand-chose.	☐	☐	☐
4. Merci beaucoup, ça me touche.	☐	☐	☐
5. Merci, tu es adorable.	☐	☐	☐
6. Tiens, j'ai trouvé une babiole pour toi.	☐	☐	☐
7. Je vous en prie, tout le plaisir est pour moi.	☐	☐	☐
8. Merci mille fois, j'adore !	☐	☐	☐
9. Comme vous me gâtez…	☐	☐	☐
10. Je vous remercie infiniment.	☐	☐	☐
11. Je vous ai apporté un petit cadeau.	☐	☐	☐
12. Regarde, c'est pour toi.	☐	☐	☐
13. Tu es trop gentille merci.	☐	☐	☐
14. Je suis ravie que ça vous plaise.	☐	☐	☐
15. Tiens, un petit quelque chose pour toi.	☐	☐	☐
16. Si ça te plait, c'est super !	☐	☐	☐

b. Relisez ces phrases et indiquez si elles appartiennent au registre familier, soutenu ou les deux.
• Registre familier : _____
• Registre soutenu : _____
• Les deux : **1,** _____

2. **Reprenez les phrases précédentes et reliez les phrases qui se répondent (il y a parfois plusieurs possibilités).**

Présentation	Remerciement	Réponse au remerciement
– *Je vous ai apporté un petit cadeau.*	– *C'est vraiment très joli, je vous remercie.*	– *Je suis ravie que ça vous plaise.*

3. **Reformulez ces échanges dans un registre plus soutenu ou plus familier.**

✎ *Exemple : – Regarde, je t'ai rapporté une babiole de Nice.*

– Oh merci. Tu es trop gentil . Il est super, ce photophore !

– Tant mieux si ça te plaît.

→ *– **Je vous ai rapporté un petit cadeau de Nice***

*– **C'est tellement gentil de penser à moi. Ce photophore est magnifique***

*– **Je suis ravi qu'il vous plaise.***

1. – Chère Alice je crois bien que c'était votre anniversaire la semaine dernière, aussi je suis ravie de vous offrir ce petit cadeau.
– Comme vous êtes gentille d'y avoir pensé, Mathilde... Oh, un livre de Romain Gary, *La Promesse de l'aube !* J'adore cet auteur et je n'ai pas lu ce roman. Je vous remercie sincèrement.
– Je suis ravie que vous ne l'ayez pas lu. Je l'ai beaucoup aimé.

2. – Tiens, c'est pour toi : une surprise.
– Qu'est-ce que c'est ? Oh, des boucles d'oreilles. Elles sont trop belles. Elles me vont comment ?
– Très bien, je suis super contente.
– Mille mercis.
– De rien.

3. – J'ai un petit quelque chose pour toi. C'est pour te donner du courage pour tes révisions.
– Sympa, merci beaucoup.
– Ce n'est pas grand-chose mais j'ai le même et il écrit super bien.

4. **Lisez ces fragments de lettres de remerciements et associez-leur l'expéditeur et le destinataire.**
a. Marine à son ami. – b. Louis à sa grand-mère. – c. Mme Dufour à son amie de longue date.
– d. Un couple de jeunes mariés à des parents lointains. – e. Une future retraitée à ses collègues.
– f. Léon à son copain.

1. J'ai reçu ton cadeau qui m'a fait très plaisir. J'adore la couleur et il me va très bien.
Je te remercie et j'espère que...   → b

2. Le facteur m'a apporté ton CD ce matin. Il est trop bien ; je l'écoute en boucle.
Merci et à bientôt.   →......

3. Vous avez eu une idée magnifique de m'offrir ce voyage en Andalousie et je ne sais
comment vous remercier.   →......

4. Vos fleurs m'ont été livrées ce matin et je suis très touchée de cette gentille attention...
Elles sont magnifiques. Je vous remercie du fond du cœur de penser à moi.   →......

5. Ta sœur m'a donné hier soir ton écharpe. Merci mille fois, elle est superbe et très douce.
Je te ferai la bise quand tu reviendras à Lyon.   →......

6. Nous vous remercions de votre très joli service de table. J'espère que vous aurez l'occasion
prochainement de venir dîner chez nous et nous...   →......

5. **Écrivez un mail pour remercier votre amie très proche qui vous a envoyé, alors qu'elle était en voyage en Chine, une belle boîte de thé.**

ANNONCER UN ÉVÉNEMENT, FÉLICITER

■ *LE BAC DE CLOTILDE* piste 4

(Clotilde et sa mère à la maison)

La mère : Bonsoir Clotilde. Tu as l'air tout heureuse ? Alors, le bac, tu as les résultats ?

Clotilde : Oui on vient de les avoir. Je suis reçue avec mention « assez bien ».

La mère : Formidable, viens que je t'embrasse ; je suis très contente. Tu l'as bien mérité. Ton père n'est pas encore rentré mais il va être fier de toi. Et tes amis, ils l'ont eu aussi ?

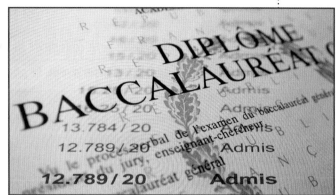

Clotilde : Pas tous, deux ou trois doivent passer l'oral…

La mère : Bon s'ils n'ont pas trop de points à rattraper, ça devrait aller. Pour fêter ça, qu'est-ce qui te ferait plaisir ?

Clotilde : Un restaurant ce serait top ; mais j'aimerais surtout faire une petite fête avec mes copains quand ils auront fini l'oral. Tu veux bien ?

La mère : Ça me paraît possible… on pourrait te laisser l'appartement une soirée pour que vous fêtiez ça ensemble. Je vais en parler à ton père.

Clotilde : Génial ! Attends maman, j'ai un message WhatsApp de Léa (…) Trop bien, elle l'a avec mention « bien ». Elle a fait plus fort que moi.

La mère : Bravo ! Tiens, ton père arrive.

Clotilde : Salut Papa, tu vois, je ne suis pas trop nulle, j'ai mon bac… et avec mention « assez bien », s'il te plaît !

Le père : En voilà une bonne nouvelle… Tu sais Clotilde au fond, je l'ai toujours pensé : tu es la digne fille de ton père ! Je te félicite.

◀€ 1. Écoutez et répondez aux questions.

1. Pourquoi Clotilde paraît-elle heureuse ? _____

2. A-t-elle obtenu une mention ? _____

3. Ses amis sont-ils tous dans la même situation ? _____

4. Quelle est la réaction de sa mère ? _____

5. Que souhaite faire Clotilde pour fêter cette bonne nouvelle ? _____

6. Léa a-t-elle obtenu de meilleurs résultats ? _____

7. Que dit le père de Clotilde à sa fille ? _____

8. Quelles relations entretient Clotilde avec ses parents ?

         ☐ Complices.   ☐ Distantes.   ☐ Formelles.   ☐ Familières.

9. Comment Clotilde annonce-t-elle la nouvelle à sa mère ? son père ?

◀€ 2. Relevez les expressions employées :

• par la mère pour manifester son enthousiasme ;

• par le père pour féliciter sa fille.

■ *UN HEUREUX ÉVÉNEMENT* piste 5

(Deux voisines dans la rue)

Véronique : Bonjour Mathilde. Comment allez-vous ?

Mathilde : Pas trop mal, et vous, Véronique ?

Véronique : Je suis très heureuse ! J'ai une excellente nouvelle à vous annoncer et je brûlais d'impatience de le faire : Julia et Baptiste vont avoir un enfant. Ce n'est pas merveilleux ?

Mathilde : C'est formidable. Je suis tellement contente pour eux et pour vous. La naissance est prévue pour quand ?

Véronique : En fait, ce n'est pas exactement ainsi : ils ont fait le choix il y a un peu plus d'un an d'adopter un enfant, mais ils ne voulaient pas ébruiter leur projet ; ils viennent de recevoir un courrier de Colombie. C'est un petit garçon de trois mois qu'ils iront chercher à Bogota en décembre.

Mathilde : Oh, c'est merveilleux. Quelle belle histoire ! Ils doivent être tellement heureux. Et vous allez être grand-mère, quelle joie !

Véronique : Oui c'est magnifique. Et votre fils, où en est-il de ses études ?

Mathilde : Eh bien moi aussi j'ai une bonne nouvelle à vous annoncer : Jérémy a réussi sa première année de médecine. La sélection est terrible mais il a été admis en deuxième année. Je suis vraiment heureuse pour lui ; il a passé son année à étudier sans prendre un moment de répit, le pauvre.

Véronique : Quel courage ! Vous ne manquerez pas de le féliciter de ma part. C'est un succès bien mérité…

Mathilde : Oh ! Excusez-moi Véronique, le temps passe et je dois finir mes courses.

Véronique : Vous avez raison, à bientôt Mathilde…

◀ 1. Écoutez et cochez la bonne réponse.

	Vrai	Faux
1. Les deux femmes sont parentes.	☐	☐
2. Julia attend un enfant.	☐	☐
3. Le petit garçon fera partie de la famille en décembre.	☐	☐
4. Le fils de la deuxième femme est admis en 2e année de médecine.	☐	☐
5. Il a réussi sans beaucoup travailler.	☐	☐
6. Les deux amies se donnent rendez-vous.	☐	☐

◀ 2. Écoutez et répondez aux questions.

1. Les deux femmes : ☐ se tutoient. ☐ se vouvoient mais s'appellent par leur prénom.

2. Les deux femmes se connaissent bien et ont des relations : ☐ familières. ☐ formelles. ☐ proches. ☐ distantes.

3. À votre avis, elles sont : ☐ de la même génération. ☐ de générations différentes.

◀ 3. Relevez les expressions employées par Véronique pour : annoncer la nouvelle ; répondre à la nouvelle ; féliciter. Faites de même avec Mathilde.

POUR ANNONCER UNE NOUVELLE

- J'ai une super nouvelle pour toi / à t'annoncer !
- Tu ne vas pas en revenir, écoute ça.
- Écoute bien, tu ne vas pas me croire…
- Je ne peux pas te cacher cette nouvelle plus longtemps…

- J'ai une excellente nouvelle à vous annoncer.
- Je ne peux pas garder cette nouvelle plus longtemps et je brûle de vous l'annoncer / de la partager avec vous.
- Je suis très heureuse de vous faire partager cette bonne nouvelle.
- Nous avons le plaisir de vous annoncer…

POUR RÉPONDRE À UNE BONNE NOUVELLE

- Quelle bonne nouvelle.
- Que je suis heureux(euse), content(e).
- C'est top, je suis trop content(e).
- (C'est) super / top / formidable / génial ! *(réponse enthousiaste)*

- Voilà une excellente nouvelle et je m'en réjouis.
- Je suis vraiment ravi(e) d'apprendre cette heureuse nouvelle.
- Comme je suis heureux/euse.
- Cette nouvelle me comble de bonheur.
- C'est magnifique/ extraordinaire/ fantastique/ merveilleux ! *(réponse enthousiaste)*

POUR FÉLICITER

- Bravo !
- Tu es trop fort(e)/bon(ne) !
- Félicitations !

- Je vous présente mes félicitations.
- Toutes mes/nos félicitations !
- Je vous félicite.

> ▸ *Remarques*
>
> En France on félicite pour un mariage, une naissance, la réussite à un examen, un concours, une promotion professionnelle, un déménagement dans une nouvelle maison /un nouvel appartement ou d'autres bonnes occasions, mais non pour un anniversaire !

POUR ANNONCER UNE MAUVAISE NOUVELLE

- Je suis triste, j'ai une mauvaise nouvelle à t'annoncer.
- J'ai quelque chose de triste à t'annoncer.
- Il est arrivé quelque chose de très triste/ de grave à *(quelqu'un)*.
- Je dois t'informer d'une mauvaise nouvelle.

- J'ai une triste/mauvaise/terrible nouvelle à vous annoncer.
- Je dois vous faire part d'une mauvaise nouvelle.
- J'ai le regret/la tristesse de vous annoncer une nouvelle malheureuse.
- J'ai une mauvaise nouvelle à vous transmettre. / Il est arrivé un malheur…

POUR RÉPONDRE À UNE MAUVAISE NOUVELLE

- Je suis désolé(e).
- Je partage ton chagrin / ta peine. *(Pour une perte, un décès.)*
- Je partage ta déception. (pour un examen raté ou une promotion manquée)

 • Je suis sincèrement touchée par cette triste nouvelle et je partage votre douleur/peine.
- Je vous présente mes sincères condoléances. *(Pour un décès.)*
- Je suis de tout cœur avec vous.

> ▸ **Attention**
>
> Pour exprimer ses sentiments, on peut utiliser les expressions telles que « être content/heureux / triste/déçu… » suivies de :
>
> • **« de + infinitif » si la personne est identique**
>
> – *Je suis ravie de vous accueillir.*
>
> – *Nous sommes désolés de vous annoncer votre échec.*
>
> • **« que + subjonctif » si les personnes sont différentes**
>
> – *Je suis heureux que tu aies réussi ton examen.*
>
> – *Nous sommes ravis que vos enfants aient trouvé un appartement à leur goût.*

---

1. **a. Lisez ces phrases et indiquez si elles correspondent à l'annonce d'une bonne nouvelle, à l'annonce d'une mauvaise nouvelle ou à une réponse.**

	Bonne nouvelle	Mauvaise nouvellle	Réponse
1. *Nous sommes heureux de vous annoncer la réussite au bac de Léa.*	✔	☐	☐
2. Je suis vraiment désolée.	☐	☐	☐
3. Je partage votre douleur.	☐	☐	☐
4. Mauvaise nouvelle : Joseph doit redoubler sa 1re S.	☐	☐	☐
5. Nous vous présentons nos condoléances les plus sincères.	☐	☐	☐
6. Super, Bravo, tu es un héros !	☐	☐	☐
7. Quelle bonne nouvelle ! Toutes nos félicitations !	☐	☐	☐
8. On vient de trouver un super appart… On est hyper contents !	☐	☐	☐
9. Quelle bonne surprise ! Je suis très heureuse pour vous.	☐	☐	☐
10. Nous avons une bien triste nouvelle concernant notre grand-père ; il nous a quittés hier soir.	☐	☐	☐
11. J'ai le plaisir de vous annoncer le mariage de notre fille Olga.	☐	☐	☐
12. Le brevet, c'est dans la poche ! 17/20…	☐	☐	☐
13. Mathieu a obtenu le poste. Le bonheur !	☐	☐	☐

b. Relisez ces phrases et indiquez s'il s'agit d'un registre familier ou soutenu.

- Registre familier : _____
- Registre soutenu : **1,** _____

2. **Reliez les phrases qui se répondent.**

1. *Tu sais quoi ? J'attends un bébé…*

2. Nous avons une triste nouvelle à vous annoncer : notre père vient de nous quitter après une longue maladie.

3. J'ai le plaisir de vous confirmer votre recrutement pour le poste de…

4. Je viens de trouver un studio en plein centre et il est très mignon. Je suis trop contente.

5. Je suis très inquiète, ma mère vient d'être hospitalisée et…

6. Nous sommes très heureux de vous faire part du mariage d'Alice le mois prochain.

a. Génial, tu déménages quand ? Je vais t'aider.

b. Je vous remercie de cette excellente nouvelle et…

c. Je suis désolée, j'espère qu'elle va vite se remettre ; si je peux faire quelque chose, n'hésite pas.

d. Nous partageons votre joie et nous avons hâte de faire la connaissance du jeune couple.

e. *Super, quelle bonne nouvelle, je suis trop contente pour vous deux !*

f. Nous partageons votre peine et pensons très fort à vous.

3. **Attribuez ces phrases aux interlocuteurs concernés.**

a. Deux collègues de travail. – b. Deux voisines d'un certain âge. – c. Deux étudiants. – d. Un fils et sa mère. – e. Deux vieux amis. – f. Deux copines de lycée.

1. – Quelle chance ! Tu as eu une super note au contrôle. Moi j'ai raté la deuxième partie.
   – Allez tu vas te rattraper la prochaine fois   → f

2. – Ouf ! J'ai réussi de justesse mon Master 1 et je m'inscris en M2. Et toi ?
   – Moi aussi. C'est super on va continuer ensemble l'an prochain.   →......

3. – Je viens de réussir le concours interne donc je vais changer de service
   – Je te félicite et je suis content pour toi mais triste de ne plus travailler avec toi   →......

4. – J'ai une mauvaise nouvelle : je ne passe pas en 1re
   – Je ne te félicite pas… Je ne suis pas vraiment surprise, tu n'as rien fait cette année. →......

5. – Ça y est, je suis à la retraite à la fin du mois et j'en suis bien content.
   – Alors ça, c'est une bonne nouvelle : on va enfin avoir la belle vie.   →......

6. – Ma petite-fille vient de trouver un poste de professeur au Sénégal
   – Si elle est contente, c'est le principal et je vous vois ravie. Vous aurez peut-être l'occasion de lui rendre visite…   →......

4. **Imaginez l'annonce d'un événement et sa réponse en fonction du destinataire.**

✏ *Exemple : La mort de votre grand-père / une amie proche*

→ **Vous : « J'ai beaucoup de peine, mon grand-père est mort hier et je l'adorais. »**
  Votre amie : « Je comprends ta tristesse et je suis touchée de cette nouvelle. »

1. La réussite à l'examen du permis de conduire / votre sœur.

2. La naissance de votre fille / une collègue.

3. Un échec à un examen professionnel / votre conjoint.

4. Une soirée bruyante dans l'immeuble / une voisine plus âgée.

5. Un départ pour un long voyage d'agrément / votre colocataire (ravi).

5. **a. Rédigez un mail pour annoncer à vos collègues de travail votre prochain départ à la retraite.**

b. Rédigez une réponse formelle destinée à des connaissances suite à un faire-part annonçant le mariage de leur fils Valerian.

DEMANDER UN SERVICE, DONNER UN CONSEIL

■ *SOIRÉE DÉPANNAGE* piste **6**

Alix : Allô, Théo ? Bonjour, tu es libre vendredi soir pour venir garder Gabin ?

Théo : Ah, bonjour Alix. Non, désolé, ça ne va pas le faire : vendredi soir j'ai une répétition et je dois y être à tout prix.

Alix : C'est bien dommage. Bon je vais trouver une autre solution. À bientôt.

Alix : Allô, Valérie, c'est Alix. Tu vas bien ?

La voisine : Bonjour Alix, oui, et toi ?

Alix : Voilà j'ai un service à te demander : vendredi soir, tu pourrais garder Gabin ? Je le fais manger, je le couche, je branche l'interphone chez toi et tu passes le voir de temps en temps. On ne rentrera pas très tard.

La voisine : Ça tombe mal, j'ai un dîner entre filles vendredi soir. On se retrouve à plusieurs copines dans un restau.

Alix : Ah, bon, tant pis. Merci quand même. À bientôt et bonne soirée !

La voisine : Désolée.

Alix : Allô Papa, bonjour. Ça va ? Écoute, j'ai besoin de ton aide.

Le père : Bonjour ma chérie. Qu'est-ce qui t'arrive ? Rien de grave, j'espère, est-ce que Gabin…

Alix : Justement Gabin : il va très bien, mais vendredi je dois aller au théâtre avec Adrien et notre baby-sitter n'est pas disponible. Je ne trouve personne pour le garder alors…

Le père : …alors tu as pensé à moi.

Alix : Papa, tu comprends tout de suite. Je t'adore.

Le père : Malheureusement vendredi soir je suis de sortie et je ne pourrai pas te dépanner : ça m'aurait pourtant fait plaisir de garder Gabin.

Alix : Quel dommage… Tant pis, Adrien ira au théâtre sans moi …

Le père : Attends, laisse-moi réfléchir... L'autre jour, j'ai vu une affiche d'un site de garde d'enfants : ça s'appelle « kinougarde.com ». Tu connais ?

Alix : Non, jamais entendu parler. Je peux essayer. Et tu fais quoi vendredi ?

Le père : Soirée bridge. Ma partenaire compte sur moi, tu comprends…

Alix : Ah, bien sûr ! Alors joue bien et merci pour le conseil. Bises.

🔊 **1. Écoutez et répondez.**

1. Pourquoi Alix appelle-t-elle son père ? _____

2. Habituellement, à qui fait-elle appel ? _____

3. Le père va-t-il garder son petit-fils ? Pourquoi ? _____

4. Quel conseil donne-t-il ? _____

🔊 **2. Réécoutez puis indiquez le ton employé par Alix et son père.**

☐ Formel.　☐ Familier.　☐ Affectueux.　☐ Distant.　☐ Proche.

🔊 **3. Relevez les expressions employées pour : demander un service ; décliner ; donner un conseil.**

▪ *À LA DÉCHETTERIE* piste 7

La femme : Bonjour monsieur, j'ai un service à vous demander : j'habite à Trévou et j'ai des déchets végétaux à faire enlever dans mon jardin. Pourriez-vous s'il vous plaît venir les chercher ?

L'employé : Ah ! mais on ne fait pas ça. On ne s'occupe pas de l'enlèvement des végétaux. Vous les apportez ici par vos propres moyens et on se charge de les détruire.

La femme : Je vois. C'est bien dommage. Malheureusement je n'ai pas de remorque pour les transporter. Vous ne voyez pas quelqu'un qui pourrait m'aider ?

L'employé : Je ne vois pas mais allez à la mairie ; ils pourront peut-être vous aider.

La femme : Très bonne idée. Merci beaucoup et bonne journée.

(Un peu plus tard auprès de la secrétaire de mairie.)

La femme : Bonjour madame. Excusez-moi de vous déranger mais vous pourriez peut-être m'aider : j'habite la commune et je cherche une personne qui pourrait m'aider à transporter mes déchets végétaux jusqu'à la déchetterie. Pourriez-vous me conseiller quelqu'un ?

La secrétaire : J'ai ce qu'il vous faut : voilà, une liste de personnes habituées à faire ce genre de travaux. Vous pouvez les contacter et vous verrez directement avec eux.

La femme : Je vous remercie madame. Ah, j'y pense : si je trouve quelqu'un, je lui demanderai bien de s'occuper du jardin, moi, ça me fatigue. Et puis il pourrait peut-être repeindre les volets et le portail. Vous croyez que c'est possible ?

La secrétaire : Ça, vous verrez avec lui ! Bonne fin de journée, madame.

La femme : Merci, à vous aussi.

◀⧸ 1. Écoutez et cochez la bonne réponse.

	Vrai	Faux
1. La femme demande de l'aide pour évacuer des déchets ménagers.	☐	☐
2. Le centre accepte les déchets mais ne se charge pas de les collecter.	☐	☐
3. L'employé propose le nom d'une entreprise de jardinage.	☐	☐
4. La secrétaire de mairie propose le nom d'une personne sérieuse.	☐	☐
5. La femme va se renseigner auprès des personnes indiquées sur une liste.	☐	☐
6. Elle aimerait aussi faire d'autres travaux.	☐	☐

◀⧸ 2. Réécoutez le dialogue et soulignez les particularités des échanges

1. Ces personnes : ☐ se connaissent. ☐ ne se connaissent pas.

2. Leurs relations sont : ☐ formelles. ☐ informelles.

3. Le niveau de langue est : ☐ familier. ☐ standard. ☐ soutenu.

◀⧸ 3. Relevez les expressions employées :

• par la femme pour formuler sa demande de service auprès de l'employé de la déchetterie ; de la secrétaire de mairie.

• par l'employé de la déchetterie, pour formuler son conseil ?

• par la secrétaire de mairie pour formuler son conseil ?

POUR DEMANDER UN SERVICE OU UN CONSEIL

- J'ai besoin de ton aide / de toi.
- Tu peux m'aider à… ?
- Tu pourrais me dépanner ?
- Tu pourrais me donner un coup de main ?
- Tu pourrais me rendre un service ?
- Je peux te demander un service / un conseil ?

- Je suis désolé de vous déranger mais…
- Pourriez-vous m'aider ?
- Je risque d'avoir besoin de votre aide.
- Il se peut que j'aie besoin de vous / de vos conseils.
- Pourriez-vous me rendre un service ?
- Auriez-vous l'amabilité de m'aider ?

POUR REFUSER UN SERVICE OU UN CONSEIL

- Désolé, je suis occupé / je ne sais pas.
- Je ne peux rien faire pour vous.
- Je ne peux pas vous aider.
- Je ne sais pas quel conseil vous donner.
- Je n'ai aucune idée.

- Je suis désolé…
- Je crains de ne (pas) pouvoir vous aider.
- Ce n'est pas de mon ressort.
- Vous faites erreur, je ne suis pas la bonne personne.
- Je ne peux vous être d'aucun secours.
- Je ne sais (pas) que vous conseiller.

POUR ACCEPTER DE RENDRE UN SERVICE

- Avec plaisir. / Pas de problème. / Sans souci.
- Qu'est-ce qu'il faut faire ?
- Tu peux compter sur moi.
- On fait ça quand / on commence quand ?

- Volontiers. / J'accepte avec plaisir. / Vous avez bien fait de me demander…
- De quoi s'agit-il ?
- Tu sais que tu peux toujours compter sur moi.
- Ça me fait plaisir de t'/vous aider.

POUR DONNER UN CONSEIL

- À ta place / Si j'étais toi, je ferais comme ça.
- Tu pourrais /devrais commencer par…
- Je te conseille de demander un devis…

- (Si j'étais) à votre place / si j'étais vous, je ferais…
- Si j'étais vous, je m'adresserais au service …
- Je vous conseille de consulter…
- Vous pourriez / vous devriez prendre contact avec….

▸ *Attention*

Pour donner un conseil, on utilise généralement le **conditionnel présent**.
– Vous **pourriez** faire appel à un professionnel.
– Tu **devrais** consulter un généraliste.
– Si j'étais à votre place, je **mettrais** l'appartement en vente.

1.   **a. Indiquez si ces phrases correspondent à une demande de service ou de conseil, à une accepta-tion de service, une formulation de conseil ou à un refus.**

	Demande	Acceptation	Conseil	Refus
1. *Je ne sais pas quoi faire; tu ferais quoi à ma place ?*	☑	☐	☐	☐
2. Je crois que vous devriez vous adresser à une entreprise, ce serait plus sage.	☐	☐	☐	☐
3. Tu devrais prendre un escabeau, tu risques de tomber sinon.	☐	☐	☐	☐
4. Bien sûr, passe-moi ça.	☐	☐	☐	☐
5. C'est un plaisir de vous rendre un service.	☐	☐	☐	☐
6. Je suis sincèrement désolée mais je ne vois pas comment vous aider.	☐	☐	☐	☐
7. Avec plaisir, dites-moi ce que vous voulez faire.	☐	☐	☐	☐
8. Ces sacs sont trop lourds, vous pourriez m'aider s'il vous plaît ?	☐	☐	☐	☐
9. Je pense que ça peut être grave; à mon avis vous devriez voir un architecte.	☐	☐	☐	☐
10. Je regrette mais je n'y connais rien.	☐	☐	☐	☐

b. Relisez les phrases précédentes et indiquez si le ton est formel ou informel.

• Registre formel : _____

• Registre informel : **1,** _____

2.   **Reliez les phrases qui se répondent.**

1. *Je voudrais redresser cette plante mais je ne sais pas comment m'y prendre. Vous auriez une idée ?*

2. Tu pourrais me donner un coup de main pour refaire cette prise ?

3. Je dois traduire cet article en anglais pour mon boss mais j'ai du mal. Tu pourrais me donner un coup de main ? C'est urgent.

4. Mon ami s'est blessé le bras en jardinant. Regardez, qu'en pensez-vous ?

5. J'ai besoin de toi : j'aimerais bien préparer un plat original pour demain mais je n'ai pas d'idée.

6. J'aimerais bien perdre quelques kilos comme toi. Tu as fait comment ?

7. Vous pourriez me prêter votre aspirateur une petite demi-heure? Le mien est en panne.

a. Bien sûr, vous pouvez même le garder plus longtemps, je l'ai passé ce matin.

b. Désolée mais l'électricité, je n'y connais rien !

c. Je ne suis pas médecin mais je pense qu'il devrait au moins aller voir le pharmacien.

d. Aucun problème, il n'est pas très long et j'ai du temps ce matin.

e. Tu pourrais préparer un gratin de légumes et de poisson. Je peux te donner une recette sympa.

f. *Oui je crois ; vous devriez planter un bout de bois à côté et l'accrocher pour la maintenir droite.*

g. Je suis allée voir une nutritionniste. Je peux te donner ses coordonnées, si tu veux.

3. **Complétez les échanges suivants en fonction des indications données (plusieurs expressions possibles).**

Exemple : (Entre copains à la sortie du collège)

– *Tu pourrais* _____ *pour faire mon exercice de maths ? Je n'y comprends rien !*

– *D'accord mais seulement si tu m'* _____ *pour mon devoir de français.*

– *Tu pourrais me donner **un coup de main** pour faire mon exercice de maths ? Je n'y comprends rien !*

– *D'accord mais seulement si tu m'**aides** pour mon devoir de français*

1. *(Au secrétariat d'un club sportif.)*

   – Je ne sais pas quel sport est le plus indiqué pour un enfant de six ans ; j'hésite entre le football et le judo. Vous pourriez me _____ ?

   – Si _____ j'inscrirais mon fils à l'activité football pour développer son esprit d'équipe.

2. *(À la sortie de l'école maternelle, deux mères.)*

   – J'ai _____ . Demain après-midi j'ai une convocation et je ne pourrais pas venir chercher Mélodie à 16 heures. Pourriez-vous venir la prendre en même temps qu'Aglaé ?

   – Mais bien sûr ! C'est une excellente idée de se _____ . Ne vous inquiétez pas, vous passerez la chercher à la maison quand vous aurez terminé.

3. *(Au bureau de poste.)*

   – Bonjour madame, j'ai besoin _____ : je voudrais savoir quel est le moyen le plus rapide pour envoyer un colis à l'étranger.

   – Nous avons deux formules : celle-ci, plus rapide, et celle-là un peu moins rapide mais nettement plus économique. Personnellement, compte tenu de la différence, je _____ la seconde

   – Alors je vais suivre votre _____ et je choisis la deuxième option. Merci madame.

4. **Imaginez une réponse possible à ces demandes en tenant compte des indications données.**

Exemple :

– *J'attends une lettre recommandée. Pourriez-vous s'il vous plaît la laisser chez ma voisine ?*

(refus : remise en main propre)

– ***Je suis désolée mais je suis obligée de vous la remettre en main propre***

1. J'ai besoin d'une voiture pour le week-end du 30. Tu penses que tu pourrais me prêter la tienne ? *(Accord.)*

2. Je cherche une jeune fille sérieuse pour garder ma fille de temps en temps le soir. Vous connaîtriez quelqu'un dans le voisinage ? *(Acceptation : proposition de sa fille étudiante.)*

3. Pourrais-tu me donner un coup de main pour changer de place mon armoire ? *(Refus : mal au dos.)*

4. Je voudrais apprendre quelques mots d'italien avant mon départ. Tu crois que ton amie Anita serait d'accord pour m'aider ? *(Conseil : école de langue.)*

5. Je sais que vous faites de temps en temps des travaux de bricolage et je voudrais savoir si vous pourriez repeindre mes volets pendant l'hiver. *(Acceptation.)*

6. La boulangère m'a dit que vous faisiez du ménage pour des gens du quartier. Vous pourriez venir chez moi une ou deux fois par semaine ? *(Refus : pas de disponibilité.)*

5. **Vous avez reçu une convocation vous donnant rendez-vous à la préfecture le mardi 16 juin à 15 heures. Vous ne pourrez pas aller chercher votre fils à la sortie de l'école. Vous écrivez un mot à l'institutrice pour demander que votre fils reste exceptionnellement à l'étude jusqu'à 18 heures ce jour-là.**

RASSURER, ENCOURAGER, FAIRE UN REPROCHE

■ *RETOUR D'ENTRETIEN DE RECRUTEMENT* piste 8

Virginie : Alors, comment ça s'est passé ?
Alice : Je ne suis pas très contente de moi.
Virginie : Ne sois pas toujours négative. Je suis certaine que tu as été très bonne, comme d'habitude. Ils t'ont gardée combien de temps ?
Alice : Une trentaine de minutes, ils étaient deux. Ça m'a semblé long. Ils m'ont posé plein de questions sur mes études, mes jobs, mes attentes…
Virginie : C'est bon signe tout ça, c'est la preuve qu'ils s'intéressent à toi. Et ils t'ont posé des questions ?
Alice : Oui, ils m'ont demandé si j'accepterais les déplacements. Je leur ai dit que j'étais prête à partir en province ; ils ont eu l'air satisfaits de ma réponse.
Virginie : Vous avez parlé du salaire ?
Alice : Ils m'ont demandé d'y réfléchir et on doit en reparler la prochaine fois.
Virginie : Voilà une bonne nouvelle. Tu auras donc un deuxième entretien. C'est très bon signe. Tu sais quand et avec qui ?
Alice : Avec le directeur de la communication ; on me convoquera avant la fin de la semaine.
Virginie : Super, ça me semble très positif. Mais dis-moi : tu es passée chez toi avant de venir me voir ?
Alice : Non pourquoi ?
Virginie : Tu es allée à ton entretien comme ça, en jean, alors que tu dois travailler avec les auteurs et les journalistes ? Toi, tu as de la chance d'avoir décroché un deuxième entretien. Tu as dû être excellente… La prochaine fois tu devrais soigner un peu plus ton look.
Alice : Quand même, l'édition c'est un milieu assez décontracté ! Tu exagères un peu mais au cas où tu aurais raison, la prochaine fois, je ferai un effort vestimentaire…

1. Écoutez puis remplissez la grille de l'entretien qu'Alice a passé.

Motif :

Durée :   Nombre d'interlocuteurs :

Questions posées par les professionnels :

Question posée par Alice :

Prochain entretien :   Salaire :

2. Réécoutez et répondez aux questions.

1. Quelle remarque Virginie fait-elle à Alice ? _____
2. Que fera Alice pour son prochain entretien ? _____
3. Les deux femmes se connaissent : ☐ bien. ☐ peu.
4. Elles ont des rapports : ☐ formels. ☐ informels. ☐ amicaux. ☐ distants.
5. Par quelles expressions Virginie rassure-t-elle Alice ?
6. Comment formule-t-elle le reproche ? Quel ton emploie-t-elle ? _____
7. Comment Alice réagit-elle ? _____

■ *CHEZ LE KINÉ* piste 9

Dr Legall : Bonjour Amin alors comment vous sentez-vous ce matin ?

Amin : J'ai toujours mal à la cheville et je trouve que je ne progresse pas vite. J'ai du mal à faire certains mouvements.

Dr Legall : Mais enfin, c'est tout à fait normal : vous êtes sorti du plâtre il y a seulement deux semaines. Vous croyiez que vous alliez trotter comme un lapin du jour au lendemain ? Moi je trouve au contraire que vous faites beaucoup de progrès. Est-ce que vous faites vos exercices tous les jours comme je vous l'ai indiqué ?

Amin : Bien sûr, plutôt deux fois qu'une, mais j'ai l'impression que je ne remarcherai jamais comme avant.

Dr Legall : Ta-ta-ta-ta…. Je ne veux pas vous entendre parler comme ça, on dirait une mamie. Dites-vous au

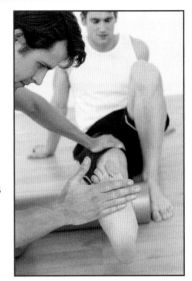

contraire que vous marchez mieux de jour en jour. Allez, assez parlé : montrez-moi ce dont vous êtes capable. (….) Très bien… parfait. Regardez comme vous tournez bien votre pied dans tous les sens. Je suis très content de vous. Continuez cinq minutes avec les appareils et je reviens vous masser.

Amin : Merci de vos encouragements. Ça me donne confiance et vous avez sûrement raison, je vais m'en sortir.

◀ 1. Écoutez et répondez aux questions.

1. Quel est le problème d'Amin ? _____

2. Depuis combien de temps Amin vient-il chez le kinésithérapeute ? _____

3. Que doit faire Amin avant le massage ? _____

4. Le kiné et Amin ont-ils la même opinion sur les progrès ?

5. Quelle est l'attitude d'Amin ? _____

6. Quelle est la réaction du kinésithérapeute ? _____

◀ 2. Réécoutez et répondez aux questions.

1. Ces deux personnes ont des rapports : ☐ formels. ☐ informels. ☐ proches. ☐ distants.

2. Par quels mots le kiné encourage-t-il son patient ?

3. Quel reproche lui fait-il ? _____

4. Les encouragements du kiné ont-ils un effet positif ? _____

5. Quelle est l'attitude d'Amin à la fin du dialogue ? _____

POUR RASSURER

 • Ce n'est pas grave.
- Ne t'inquiète pas.
- Ça va s'arranger.
- Ne te fais pas de souci.
- On va trouver une solution.
- Tu vas t'en sortir / On va s'en sortir.

 • Ne vous inquiétez pas, cela peut arriver à tout le monde.
- C'est sans gravité / importance.
- Nous allons trouver une solution.
- Cela n'a aucune importance.
- Ne vous faites pas de souci.

> ▸ *Expressions idiomatiques (pour rassurer ou minimiser un problème)*
> – *Il n'y a pas de quoi en faire un drame / un plat / une montagne. (= Il ne faut pas exagérer la gravité.)*
> – *Ce n'est pas la mer à boire. (= Ce n'est pas très difficile.)*
> – *Il n'y a pas de quoi fouetter un chat. (= Ce n'est vraiment pas grave.)*
> – *Il n'y a pas de problème, il n'y a que des solutions. (= Ça va s'arranger, on va trouver le remède.)*

POUR ENCOURAGER

 • Allez, tu vas y arriver, continue comme ça !
- Vas-y, tu es bien parti(e) !
- Le plus dur c'est de commencer, après ça va tout seul.
- C'est le premier pas qui compte.
- Tu progresses à vue d'œil.

 • Vous devez persévérer, continuez ainsi.
- Vous êtes sur la bonne voie.
- Vous êtes formidable, excellent.
- C'est exactement ce qu'il faut faire, c'est parfait.
- Vous progressez / vous vous améliorez de jour en jour.
- Vous devez persévérer

> ▸ *Expressions idiomatiques*
> – *Petit à petit l'oiseau fait son nid. (Les choses se font au fur et à mesure dans le temps avec patience et méthode.)*
> – *Les petits ruisseaux font les grandes rivières. (Les petits efforts sont récompensés, portent leurs fruits.)*

POUR REMERCIER APRÈS UN ENCOURAGEMENT

Après des encouragements, on peut remercier d'une façon plus ou moins formelle.

 • Merci (beaucoup) ça me fait plaisir/ça me fait du bien

 • Je te/vous remercie de tes/vos encouragements / de ta/votre confiance / de ta/votre réconfort.
- Vos encouragements me touchent...

POUR FAIRE UN REPROCHE

 • (À ta place) je n'aurais pas fait ça comme ça.

• Tu pourrais/aurais pu t'y prendre autrement.

• Tu n'aurais pas dû dire ça/faire ça.

• On n'agit pas comme ça, ça ne se fait/dit pas.

• Tu pourrais /aurais pu faire un effort.

• Tu ne fais pas beaucoup d'efforts.

 • Il y a peut-être d'autres façons d'aborder le problème/la question.

• Ça ne me semble pas la meilleure façon / le meilleur angle pour aborder le problème.

• Vous pourriez /auriez pu envisager le problème autrement.

• Vous n'auriez peut-être pas dû agir ainsi.

• Vous pourriez /auriez pu agir autrement.

> ### ▸ *Remarques*
> • Pour exprimer un reproche, on utilise souvent le conditionnel présent (quand l'action est immédiate) ou le conditionnel passé (quand l'action a déjà été accomplie).
>   – *Tu ne devrais pas répondre comme ça à tes parents.* (action immédiate)
>   – *Vous n'auriez pas dû faire ce détour.* (action passée)
>   – *À votre place, je ne serais pas passé par cette route.* (action passée)
> • On peut répondre à un reproche en acquiesçant : « *Tu as sans doute raison, c'est vrai, je suis d'accord avec toi* » ou en récusant poliment : « *Je ne suis pas d'accord avec toi, je ne partage pas ton point de vue / opinion. Je ne vois pas les choses de la même façon que toi* »

1. **a. Lisez les phrases suivantes et indiquez si elles correspondent à la volonté de rassurer, d'encourager ou de reprocher.**

	Rassurer	Encourager	Reprocher
1. *Tu n'aurais pas dû parler comme ça.*	☐	☐	☑
2. Formidable ! Continue comme ça.	☐	☐	☐
3. Il n'y a vraiment pas de quoi fouetter un chat.	☐	☐	☐
4. Je trouve que vous n'avez pas bien agi.	☐	☐	☐
5. Allez, vas-y ! Tu es bien partie…	☐	☐	☐
6. C'est sans importance. Ne vous inquiétez pas.	☐	☐	☐
7. À votre place, je n'aurais pas fait ça de cette façon.	☐	☐	☐
8. C'est mieux de jour en jour.	☐	☐	☐
9. Ne vous inquiétez pas, ce n'est pas bien grave.	☐	☐	☐
10. Ne perdez pas espoir, vous êtes sur la bonne voie.	☐	☐	☐
11. On ne va pas en faire un plat.	☐	☐	☐
12. Vous allez y arriver, il faut persévérer.	☐	☐	☐
13. Vous auriez peut-être pu envisager les choses autrement…	☐	☐	☐

b. Relisez ces phrases et indiquez s'il s'agit d'un registre informel ou formel.

• Registre informel, amical : **1,** _____

• Registre formel, distant : _____

2. **Reliez les phrases qui peuvent se répondre. (Plusieurs associations sont parfois possibles.)**

1. *Je trouve que tu fais des progrès énormes, continue !*   a. Merci de me rassurer.

2. Tu n'aurais pas dû dire ça.   b. Vos encouragements me touchent beaucoup et je vous en remercie.

3. Franchement, il n'y a pas de quoi en faire un fromage.   c. Je ne partage pas votre position.

4. À votre place, j'aurais agi autrement.   d. Je comprends mais je n'avais pas le choix.

5. C'est de mieux en mieux chaque jour.   e. Je ne suis pas d'accord avec toi.

6. Vous auriez pu je pense avoir une autre attitude.   f. *Merci de me donner du courage.*

7. Vous êtes sur la bonne voie.   g. C'est très gentil, merci.

3. **Reformulez ces phrases orales dans un registre plus soutenu.**

✎ *Exemple : Ne fais pas ça → **Je crois que vous ne devriez pas agir ainsi.***

1. Allez, courage, tu vas y arriver. → _____

2. T'inquiète pas, c'est pas grave. → _____

3. T'aurais pas dû dire ça. → _____

4. Tu ne vas pas en faire un plat. → _____

5. De jour en jour c'est mieux. → _____

6. Merci, ça me fait du bien. → _____

7. Là, je ne suis pas d'accord avec toi. → _____

4. **Imaginez les phrases qui pourraient être prononcées dans les situations suivantes.**

✎ *Exemple : Entre deux collègues : une lettre n'a pas été envoyée ; reproche et excuses*

*– **Véronique, vous auriez dû poster cette lettre en début de semaine. Comment expliquez-vous cet oubli ?***

*– **Je suis désolée, Sylvie, vous avez raison mais j'ai eu beaucoup de problèmes à gérer en même temps. Je l'envoie immédiatement.***

1. Entre deux copines au collège : l'une des deux a eu une mauvaise note en maths ; encouragement et remerciements

2. Entre une cliente et une caissière : une erreur dans le total ; reproche et excuses

3. Entre une mère et son fils : la perte d'un blouson ; excuses du fils et propos rassurants de la mère

4. Deux voisines dans la rue : l'une parle de son divorce et l'autre l'encourage dans sa nouvelle vie

5. Un médecin et son patient qui a décidé d'arrêter de fumer : projet du patient et encouragements du médecin

5. **a. Activité orale :** Vous croisez votre voisine de pallier qui est très inquiète par la séparation récente de sa fille. Vous la rassurez et vous cherchez des arguments pour donner raison à sa fille.

b. Activité écrite : Vous devez répondre par mail à un(e) amie proche qui vient d'apprendre qu'il/elle avait une maladie grave. Vous le/la rassurez sur les progrès de la médecine et vous l'encouragez à garder le moral et à suivre son traitement.

▪ BILAN 1

1. Préparez le message pour les situations suivantes en tenant compte du locuteur et du destinataire.

✏ *Exemple : Une mère à sa fille / informel. La mère propose d'aller faire des achats dans les boutiques et de déjeuner au restaurant La fille accepte.*
  – **Suzanne, ça te dirait d'aller samedi dans les magasins avec moi ? On pourrait déjeuner dans un bistrot.**
  – **Super idée maman, on n'a pas fait ça depuis longtemps et j'ai besoin d'acheter des bottes.**

1. Deux collègues / informel. L'une propose de déjeuner ensemble ; l'autre refuse, elle a un travail urgent.

_____

2. Un couple / informel. La femme propose une soirée ciné ; le mari, fatigué, refuse

_____

3. Une étudiante et une copine. L'une propose d'aller à un concert samedi ; l'autre refuse : elle a un dîner familial

_____

4. Un directeur et sa cliente / formel. Il propose un déjeuner demain ; elle refuse car elle est indisponible et fait une autre proposition

_____

_____

2. Vous venez de recevoir ce message sur WhatsApp.

« Bonjour Dominique, c'est Louis.
J'espère que tu vas bien. Voilà, j'ai deux places pour voir Le Misanthrope à la Comédie-Française le 8 mars, mais on doit partir quelques jours en Touraine et les places seront perdues. Si tu veux, je te les donne et tu pourras en profiter avec ton ami. Réponds-moi vite si ça t'intéresse.
Bises, à très vite ! »

a. Vous acceptez l'offre de Louis et vous lui répondez en le remerciant.

_____

_____

b. Vous n'êtes pas libre le 8 mars. Vous répondez à Louis pour le remercier et donner une raison.

_____

_____

3. Remettez cet échange téléphonique dans l'ordre.

a. – Ah, Louise, bonjour, oui pourquoi pas, mais quelle expo ? → . . . . . .

b. – C'est d'accord. Ça passe où et à quelle heure ? → . . . . . .

c. – Oui, mais si on n'a pas de réservation, il faudra faire la queue au moins une heure avant d'entrer et il fait froid, alors ça ne me dit pas trop. → . . . . . .

▪ BILAN 1

d. – Tu as peut-être raison. On pourrait aller au cinéma. J'ai entendu une excellente
critique du dernier film avec Huppert. Ça te va ? →......

e. – Coucou Marion, c'est Louise, tu vas bien ? On pourrait se faire une expo dimanche,
ça te dirait ? → 1

f. – Il y a une exposition Magritte au musée d'Art moderne, ça te tente ?
Moi je veux à tout prix la voir. →......

g. – Au Trois-Étoiles à 18 h 30. On se retrouve devant le ciné. →......

4. **Reliez les phrases qui vont ensemble.**

1. *Salut, Lucie, j'ai un petit cadeau pour toi.*

2. Je vous ai rapporté un souvenir du Portugal.

3. Nous avons le plaisir de vous offrir ce
présent en espérant qu'il vous plaira.

4. Tiens j'ai trouvé ça pour toi. J'ai pensé que
tu aimerais.

5. J'ai une babiole pour toi, regarde.

a. Vous êtes vraiment adorable de penser à
moi. Je vous remercie.

b. Oh, comme c'est joli ! Ça me va bien ? Bisous.

c. Je suis très touché et je vous remercie du
fond du cœur.

d. *Merci Paul, tu es trop mignon. C'est quoi ?*

e. Merci, c'est vraiment original… Ça me fait
plaisir.

5. **Compétez les phrases avec les expressions suivantes à la forme convenable.**

désolé – regret – bonheur – tristesse – ~~mauvais~~ – joie – contente.

🖋 *Exemple : J'ai une **mauvaise** nouvelle à vous annoncer : Pierre a eu un accident de voiture ce week-end.*

1. – Nous avons la _____ de vous annoncer la naissance d'Aglaé.

2. – Je suis _____ de vous informer que votre candidature a été refusée.

3. – Elle est tellement _____ d'avoir réussi son examen. Quel soulagement !

4. – J'ai le _____ de vous annoncer que votre demande n'a pas pu aboutir.

5. – Quelle _____ ! Il a raté son permis de conduire.

6. – J'ai le _____ de vous apprendre que Lucie se marie en juin.

6. **Répondez à ces demandes de services.**

🖋 *Exemple : – Tu pourrais me donner un coup de main? Je dois mettre ces boîtes en haut du placard.*
*(Acceptation) – **Pas de problème, je suis plus grand que toi. Passe-les moi.***

1. Mme Leroux, désolée de vous déranger. On doit me livrer un colis demain matin, mais je dois
m'absenter. Pourriez-vous s'il vous plaît le réceptionner? (Refus)

_____

2. Maman, des amis viennent dîner samedi. Tu pourrais me donner ta recette de la tarte Tatin ?
(Acceptation)

_____

3. Lucas, j'ai besoins de 20 €. Tu peux me dépanner ? Je te les rends demain sans faute. (Refus)

_____

4. Bonsoir Maria. Je suis en train de faire une soupe et je me rends compte que je n'ai plus de sel.
(Acceptation)

_____

6 AU RESTAURANT, À L'HÔTEL

■ *AU RESTAURANT* piste 11

La cliente : Bonjour, c'est pour déjeuner, nous sommes deux.

Le serveur : Vous avez de la chance… Tenez, vous avez une table libre en terrasse, là-bas sous le parasol, et voici le menu. Installez-vous, j'arrive.

La cliente : Tu prends quoi, Madeline ?

Madeline : La formule salade dessert me va bien et toi ?

La cliente : Je vais prendre le plat du jour : le carpaccio de poisson et sa salade. Il fait tellement lourd…

Le serveur : Alors mesdames, qu'est-ce qui vous ferait plaisir ?

La cliente : Bien, on va prendre un plat du jour et une formule « salade de la mer + dessert ».

Le serveur : Et comme boisson ?

Madeline : Je prendrais bien un verre de blanc, pas toi ?

La cliente : Excellente idée ; moi aussi donc deux verres de chablis (ça te va, Madeline ?) et une carafe d'eau. On est un peu pressé.

Le serveur : Je vous apporte ça au plus vite. Ah, vous avez choisi le dessert pour la formule ?

Madeline : Oui, la coupe de fraises

Le serveur : Désolé, tout est parti, mais il reste la salade de fruits. C'est bien aussi

Madeline : D'accord.

(Au moment de l'addition.)

La cliente : Monsieur, s'il vous plaît, je pense qu'il y a une petite erreur : vous nous avez compté la salade de fruits alors qu'elle était incluse dans la formule.

Le serveur : Mais vous avez tout à fait raison, autant pour moi. Je corrige ça et je reviens.

Madeline : Il est un peu débordé, ce garçon, mais il est sympa.

La cliente : Oui, il doit faire ça pendant l'été. On va lui laisser un pourboire…

◀ 1. Écoutez et répondez aux questions.

1. Les deux femmes vont déjeuner : ☐ dans la salle. ☐ en terrasse. ☐ au soleil.

2. Elles commandent un repas : ☐ gastronomique. ☐ léger. ☐ copieux.

3. Quelle est la commande de la première cliente ? de Madeline ? pour les boissons ?

4. Le dessert initialement choisi est-il disponible ? Que prend-elle finalement ?_____

5. Quel est le problème rencontré à la fin du repas ? _____

6. Les clientes sont-elles fâchées contre le serveur ? Justifiez votre réponse.

◀ 2. Réécoutez. Soyez attentif au ton et aux expressions, puis répondez aux questions :

1. Le ton employé entre le serveur et les clientes est :

☐ formel. ☐ informel. ☐ familier. ☐ distant. ☐ convivial.

2. Par quels mots le garçon prend-il la commande pour les plats ? pour le dessert ? pour la boisson ?

3. Quelles expressions les femmes utilisent-elles pour commander ?

4. Comment la cliente présente-t-elle l'erreur dans l'addition ?_____

5. Par quels mots le serveur s'excuse-t-il ?

■ *LE GRAND HÔTEL DE PORT-BLANC* piste 12

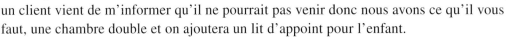

Le réceptionniste : Grand Hôtel bonjour

La cliente : Bonjour, je voudrais savoir si vous avez des chambres libres pour la troisième semaine de juillet ?

Le réceptionniste : Voyons, donc du lundi 17 au dimanche 23, c'est bien ça ? Il vous faudrait combien de chambres ?

La cliente : En fait, nous partirons le samedi 22. Je voudrais une chambre. Nous sommes trois, deux adultes et un enfant de trois ans.

Le réceptionniste : Ah, vous avez de la chance : un client vient de m'informer qu'il ne pourrait pas venir donc nous avons ce qu'il vous faut, une chambre double et on ajoutera un lit d'appoint pour l'enfant.

La cliente : C'est parfait. Quel est le prix de la chambre pour une nuit ?

Le réceptionniste : La chambre double fait 75 € plus la taxe de séjour. Il n'y a pas de frais supplémentaire pour le lit bébé.

La cliente : D'accord, c'est gentil… et le petit déjeuner est inclus ?

Le réceptionniste : Non, il est en supplément, 8,40 € par personne.

La cliente : Ah, j'oubliais, il y a le wifi dans les chambres ?

Le réceptionniste : Bien sûr, vous pouvez consulter notre site pour vous faire une idée plus précise de l'établissement.

La cliente : Très bien, merci, je vous rappelle dans le courant de l'après-midi. Pardon, j'allais oublier. Nous avons un petit chien. Il y a un supplément ?

Le réceptionniste : Non, bien sûr nous l'accepterons à condition qu'il ne morde personne ! Si je peux me permettre, ne tardez pas trop. C'est notre dernière chambre pour cette période. Au revoir madame.

◀ 1. Écoutez et répondez aux questions

1. Complétez la fiche de demande de la cliente :

Dates : du _____ / _____ au _____ / _____   Nombre de chambres : _____

Nombre de personnes : _____ adultes   _____ enfants

Taxe de séjour ☐ incluse ☐ en supplément

Prix du petit déjeuner par personne : _____

Connexion Wifi : ☐ salles communes ☐ chambres   Site Internet : Oui / Non

2. Pourquoi la cliente a-t-elle de la chance ? _____

3. La cliente réserve-t-elle la chambre ? _____

4. Quel conseil donne le réceptionniste ? _____

◀ 2. Réécoutez et répondez aux questions.

1. Le ton de l'échange entre le réceptionniste et la cliente est :

☐ formel. ☐ informel. ☐ soutenu. ☐ familier. ☐ standard.

2. Comment la cliente formule-t-elle sa demande ? Quel temps emploie-t-elle ?

POUR RÉSERVER UNE TABLE PAR TÉLÉPHONE

Le/a client(e)
• Je voudrais réserver une table (pour midi / ce soir / demain / dimanche / le 8).
• Il nous faudrait une table pour X personnes.
• Bien sûr, pour quel jour ? / Vers quelle heure ?

Le restaurateur / la restauratrice ou l'hôte(sse)
• Pour combien de personnes ? / Vous serez combien ? / Une table pour combien ?

POUR DEMANDER UNE TABLE EN ENTRANT DANS LE RESTAURANT

En général, sauf dans les bistrots, il faut attendre pour être placé à une table

Le/a client(e)
• Nous voudrions déjeuner/dîner. / C'est pour déjeuner/dîner.
• Nous voudrions une table pour deux/trois… / Nous sommes deux/trois.

Le/a serveur/euse
• Suivez-moi, je vous prie. / Veuillez me suivre.
• Il va vous falloir patienter. / Vous allez devoir attendre/patienter.
• Il faut compter vingt minutes d'attente. Ces personnes sont avant vous.
• Je suis désolé mais nous sommes complets / au complet. / Nous n'avons plus de table libre.
• Nous ne servons plus. / Le service est terminé.

POUR COMMANDER AU RESTAURANT

Le/a client (e)
• (En entrée/ Pour commencer) je voudrais/je vais prendre le… / la… / le menu à …€.
• Quel est le plat du jour ? / Qu'est-ce que vous me conseillez comme entrée/plat/dessert /boisson ?
• C'est servi avec quoi ? / Quelle est la garniture ?

Le/a serveur/euse
• Vous prendrez un apéritif ?
• Vous avez choisi ?
• Qu'est-ce qui vous ferait plaisir ? / Qu'est-ce que je vous apporte/sers ? / Vous désirez ?
• Et comme entrée/plat/dessert/boisson ?
• Et pour la cuisson ?
• C'est servi avec / C'est accompagné de (des légumes, des pâtes…)

▸ *Remarques*
• En général, pour commander un repas on annonce dans l'ordre l'entrée, le plat, la boisson, puis dans un deuxième temps le fromage ou le dessert et le café, enfin on demande l'addition.
• Pour déjeuner on propose souvent des « **formules** » au choix, plus économiques et plus légères, par exemple entrée et plat ou plat et dessert.
• Le **plat du jour** est le plat spécial du jour, préparé en grande quantité et vendu souvent moins cher que les autres plats de la carte.
• Le **menu** est un repas proposé avec des choix à faire dans les entrées, les plats et les desserts. Généralement, la boisson et le café ne sont pas inclus dans le prix du menu. ●●●

● ● ●

- Si on veut plus de choix, on va opter pour des plats sur la carte/**à la carte** (souvent plus chers mais plus soignés, mieux présentés).
- Un **plat garni** est généralement composé d'un poisson ou d'une viande accompagné de légumes, de riz ou de pâtes.
- En France, on peut manger la viande de bœuf, comme un steak, **bleue** (le moins cuit), **saignante**, **à point** ou **bien cuite**.
- Au cours du repas, il est fréquent que votre serveur vienne vous demander : « Tout va bien ? / Tout se passe bien ? » ou, à la fin du repas, « Ça a été ? ».

POUR SE PLAINDRE

- La soupe est froide/tiède, pourriez-vous la faire réchauffer ?
- Le plat est trop salé. Pourriez-vous le rapporter en cuisine et me le changer ?
- Ce n'est pas le plat/ce que j'ai demandé... J'avais commandé...
- Pourriez-vous nous apporter du sel et du poivre, s'il vous plaît ?
- Le vin est bouchonné. Pourriez-vous nous apporter une autre bouteille ?
- Je voudrais parler au maître d'hôtel/au chef de rang. *(Dans les restaurants étoilés.)*

POUR PAYER

- L'addition s'il vous plaît ! / On va vous demander l'addition, s'il vous plaît.
- Pourriez-vous vous nous donner/apporter l'addition s'il vous plaît ?

Vous constatez un problème dans l'addition, vous pouvez dire :

- Excusez-moi monsieur/madame, je crois qu'il y a une erreur... *(Et vous expliquez.)*
- Je pense que ce n'est pas notre addition... / Ce n'est pas ce que nous avons pris.
- Vous nous avez compté trois cafés alors que nous n'en avons pris que deux....
- Nous avons pris seulement deux formules sans entrée.

▸ *Remarques*

Le service est en France de 10 à 15 % du montant ; généralement inclus dans le total à payer, il est indiqué sur la carte. Le pourboire est une somme que l'on donne sans aucune obligation au serveur/à la serveuse si l'on est satisfait de son service.

POUR RÉSERVER/DEMANDER UNE CHAMBRE À L'HÔTEL

- Je voudrais réserver deux chambres doubles du 16 au 23 juin s'il vous plaît.
- Nous voudrions une chambre pour trois personnes pour la nuit.
- Auriez-vous une chambre simple pour deux nuits ?

Puis vous pouvez demander plus de renseignements :

- Nous voudrions une vue sur la montagne / une salle de bains/ un balcon dans la chambre.
- Avez-vous une formule demi-pension ?
- Avez-vous des lits jumeaux/simples ou des lits doubles ?
- Quel est le prix de la chambre simple/double/du lit supplémentaire ?
- Le petit déjeuner est-il inclus dans le prix ? Et la taxe de séjour ?
- Y a-t-il le wifi ?
- Les chiens sont-ils admis ?

Vous pouvez vous plaindre si vous n'êtes pas satisfait. Voici quelques phrases utiles :

• J'avais demandé une chambre avec vue sur la mer et ma chambre donne sur une cour arrière. Je voudrais changer de chambre ou j'attends que vous me proposiez un dédommagement.

• Mes voisins de chambre ont regardé la télévision très tard et je n'ai pas pu dormir avant deux heures du matin. Je vous prie de faire quelque chose…

1. **À quelle situation peuvent correspondre ces courts échanges ?**

Exemple : – Je suis désolé mais je ne parviens pas à me connecter au wifi. Vous pourriez m'aider ?
– Le code d'accès est écrit derrière votre porte de chambre.
→ *Demande d'aide d'un client à la réception d'un hôtel.*

1. – Mademoiselle, auriez-vous du sel et du poivre, s'il vous plaît ?
   – Je vous apporte ça tout de suite.
2. – Il n'y a pas de serviette de bain dans la chambre 122.
   – Regardez dans le tiroir de la salle de bains. Elles doivent y être, sinon rappelez-moi et je vous en fais apporter.
3. – Pardon, la formule plat-dessert est à quel prix ?
   – 18,50 €, madame, ce qui fait 19,50 avec le service.
4. – Pourriez-vous me préparer la note ? Je pars demain matin de bonne heure.
   – Bien sûr. Elle sera à la réception demain matin. Souhaitez-vous que l'on vous réveille ?

2. **Remettez le dialogue dans l'ordre.**

a. – Nous sommes quatre, deux adultes, un enfant et un bébé. → . . . . . .
b. – Bien, elle est à quel prix ? → . . . . . .
c. – Nous voudrions une chambre pour la nuit. → . . . . . .
d. – 75 euros, les petits déjeuners sont inclus. → . . . . . .
e. – Bien sûr, quelqu'un va venir vous aider pour les bagages.
   Vous pouvez remplir ces documents ? → . . . . . .
f. – Bonsoir. Que puis-je faire pour vous ? → 1
g. – Il y a une salle restaurant au 1er étage. → 13
h. – Vous êtes combien de personnes ? → . . . . . .
i. – Parfait, alors j'ai ce qu'il vous faut. Une belle chambre avec salle de bains. → . . . . . .
j. – C'est parfait. Je prends la chambre. On peut mettre la voiture au parking de l'hôtel ? → . . . . . .
k. – Mais nous avons un lit pliant pour le bébé. → . . . . . .
l. – Ah, j'y pense, on peut prendre un repas dans le coin ? → . . . . . .
m. – Donc une chambre pour trois et nous ajouterons un lit d'appoint. → . . . . . .

3. **Imaginez ce que vous pouvez dire dans chacune de ces situations.**

Exemple : Le serveur vous apporte une crêpe au chocolat alors que vous avez demandé une crêpe au citron.
« *Excusez-moi mais je crois qu'il y a une erreur, j'ai commandé une crêpe au citron.* »

1. Vous demandez à partir de quelle heure sont servis les petits déjeuners.
2. La serveuse a fait une erreur dans l'addition : elle a compté 16 € pour une salade de la mer alors que vous avez mangé une salade niçoise à 12 €.
3. Vous commandez deux cafés et l'addition
4. Vous aviez réservé une chambre avec un balcon mais vous n'avez qu'une fenêtre. Vous vous plaignez à l'accueil.

PARLER D'ARGENT

■ *LES ÉTUDIANTS ET L'ARGENT* piste 13

Louis : Salut Damien, j'ai vraiment des problèmes de tune. Tu peux me dépanner de 50 balles ?

Damien : Le problème, c'est que je suis un peu dans la dèche moi aussi. J'ai perdu mon job étudiant le mois dernier et je dois déjà 150 euros à ma coloc.

Louis : Je vois… Toi aussi tu es en galère. Bon, alors il va falloir que je demande à mes parents, mais ça m'embête : ils paient déjà ma chambre et mes transports.

Damien : Tu es libre le week-end, non ? Pourquoi tu ne vas pas travailler au centre commercial ? Ils cherchent des gens pour distribuer des flyers. On pourrait même y aller ensemble.

Louis : C'est peut-être un bon plan ; mais en attendant, il faut que je trouve de quoi manger : mon frigo est désespérément vide !

Damien : Si j'étais à ta place, j'irais manger au restau U. Ce n'est pas top mais ça cale…

Louis : Tu es gentil mais sans tickets, je fais comment ? Tu ne pourrais pas m'inviter chez toi ce soir avec ta coloc ?

Damien : Bon, on peut tenter, mais il faut lui faire la conversation. Tu sais, c'est une vieille dame ; je lui tiens compagnie quelques heures par semaine en échange des repas que je prends chez elle quand je veux, à condition de la prévenir.

Louis : Pas de problème. Elle pourrait peut-être même me présenter à une de ses amies qui aurait des petits boulots à me faire faire, du ménage, de la peinture, du jardinage, je ne sais pas moi…

◀€ 1. Écoutez le dialogue et répondez aux questions.

1. Que font Louis et Damien dans la vie ? _____

2. Que demande Louis à Damien ? Pourquoi ? _____

3. Damien peut-il l'aider ? Pourquoi ? _____

4. Que propose Damien ? _____

5. Quel est le problème immédiat de Louis ? _____

6. Quelle solution lui propose Damien ? _____

7. Pourquoi Louis refuse-t-il ? _____

8. Que demande-t-il à Damien ? _____

9. Où Damien prend-il ses repas? À quelle condition ? _____

10. Que souhaite Louis ? _____

◀€ 2. Relevez et cochez les réponses justes.

1. Louis et Damien sont : ☐ jeunes. ☐ âgés. ☐ proches. ☐ distants.

2. Ils échangent sur un ton : ☐ formel. ☐ informel. ☐ amical. ☐ familier.

3. Soulignez les expressions employées pour exprimer : un besoin ; une demande ; un refus ; un conseil ; une solution envisageable.

UNE DEMANDE DE MICROCRÉDIT piste 14

(Dans une agence de microcrédit, un conseiller et un client.)

La conseillère : Bonjour M. Ndaye je vous attendais. Alors, parlez-moi de votre projet

Le client : Merci de m'avoir accordé ce rendez-vous. Voilà, je voudrais acheter une camionnette pour vendre des paniers repas bio dans la région mais, comme je vous l'ai déjà dit, ma banque a refusé ma demande de prêt car je n'ai pas de garantie.

La conseillère : Oui ; j'ai lu votre mail. Il vous faudrait donc environ 6 000 euros pour monter votre projet. Vous avez déjà

un réseau d'agriculteurs et d'artisans bio, c'est bien ça ? Bon, vous comptez travailler seul ?

Le client : Dans un premier temps, non, car je n'ai pas le permis de conduire. Il faudrait donc que je trouve un conducteur pour le véhicule.

La conseillère : Donc il vous faudrait débloquer un salaire en plus du coût du véhicule… Écoutez, si je peux me permettre un conseil, vous êtes jeune, votre projet me semble porteur mais, si j'étais à votre place, je commencerais par passer le permis de conduire. Vous pourriez ainsi réduire vos frais de fonctionnement au moment de la mise en place du projet.

Le client : Pourquoi pas, mais le problème, c'est que je n'ai pas actuellement les moyens de prendre des cours de conduite ; les forfaits tout inclus, inscription, cours de code et cours de conduite, coûtent pas loin de 1 000 euros.

La conseillère : Voyons… Nous pourrions dans un premier temps monter un microcrédit pour financer votre permis de conduire et voir par la suite pour un emprunt concernant l'achat de la camionncttc.

Le client : C'est vrai, ce serait super ! C'est vraiment sympa de m'aider. Mais alors, dites-moi quelles seraient les conditions de l'emprunt concernant le montant des remboursements, le taux du crédit, la durée et la fréquence, tout ça quoi…

La conseillère : N'allez pas si vite ! Voici tout d'abord un dossier que je vous demande de remplir et nous étudierons ensemble votre demande. Je vous rejoins dès que vous aurez terminé.

1. Écoutez le dialogue et répondez aux questions.

1. Quel est le projet de M. Ndnaye ?

Objet : _____   Coût : _____

3. Que suggère la conseillère ? _____

4. Combien coûte l'examen du permis de conduire ? _____

5. Que doit faire M. Ndaye dans l'immédiat ? _____

2. Réécoutez le dialogue et cochez la bonne réponse.

Le ton de l'entretien est :

☐ formel.   ☐ amical.   ☐ informel.   ☐ convivial.   ☐ distant.   ☐ familier.

3. Relevez les expressions employées pour formuler : les remerciements ; la demande ; le conseil ; la solution proposée.

L'ARGENT

En France, il est assez tabou de parler d'argent, de ressources ou de revenus, mais il existe beaucoup de mots pour les désigner.

• Dans un langage familier, on emploiera des termes tels que *le fric*, *les ronds*, *les sous*, *la tune*, *l'oseille*. Quand on en manque, on dit qu'on est *dans la dèche*, *dans la galère*.

• Dans le langage soutenu, on parle de *liquidités*, de *trésorerie*, de *ressources*, de *questions financières* ou de *problèmes pécuniaires*. Quand on manque d'argent, on est *dans le besoin*.

• Si on a suffisamment d'argent pour vivre, on dit qu'on est *à l'aise*, *à l'abri du besoin*. Si une personne en a beaucoup, on peut dire qu'elle est *nantie*, *privilégiée*.

POUR EMPRUNTER DE L'ARGENT À UN PARTICULIER/À UN ORGANISME

 • J'ai besoin d'argent / de fric, tu peux m'aider/ me dépanner ?

• Je suis dans la dèche et il faut que tu m'aides.

• J'ai un problème, tu pourrais me prêter de l'argent/de la tune?

• Tu pourrais me dépanner ? J'ai un problème de fric. / Je n'ai plus un rond/plus un sou.

 • J'ai un problème de trésorerie et j'aurais besoin d'un prêt.

• Je voudrais faire emprunter / faire un emprunt / faire une demande de crédit

• Je rencontre des difficultés financières et j'ai besoin de contracter un emprunt.

• Je m'adresse à vous car je rencontre actuellement des difficultés pécuniaires et j'ai besoin de vos services.

POUR REFUSER DE PRÊTER DE L'ARGENT

 • Désolé, je ne peux pas t'aider / je ne peux rien faire pour toi, j'ai moi aussi des problèmes d'argent/de fric.

• Ça ne va pas être possible, je n'ai pas une tune/pas un rond.

 • Ça aurait été avec plaisir mais actuellement je ne peux pas vous aider.

• Je suis (vraiment) désolé, mais je ne pourrai rien faire pour vous.

• Je rencontre moi aussi des difficultés, alors vous comprendrez que je ne peux pas / ne puisse pas vous venir en aide.

POUR ACCEPTER DE PRÊTER DE L'ARGENT

 • Tu as de la chance / tu tombes bien, je peux te prêter 10 balles / je peux te dépanner de 10 euros.

• C'est d'accord, tu me les rendras quand tu pourras. Tiens/Voilà.

• Je te les prête, mais tu n'oublieras pas de me les rendre !

 • Je peux vous prêter....

• Je suis heureux de vous venir en aide/de vous aider.

• Je peux vous accorder un prêt de.... *(À la banque.)*

À LA BANQUE

Quelques expressions pour demander des services courants dans une banque ou une agence bancaire.

• Je voudrais ouvrir un compte dans votre agence.

• Je voudrais un rendez-vous avec le directeur.

• Je souhaite déposer un chèque / obtenir un RIB (relevé d'identité bancaire) / avoir un rendez-vous avec un conseiller/ma banquière

• J'aimerais connaître le taux de change du dollar aujourd'hui ?

• Pourriez-vous me vendre des yens ? / Je voudrais acheter des pesos mexicains.

• J'ai besoin de faire un emprunt, pourriez-vous me conseiller ?
• Où se trouvent les formulaires pour déposer les chèques ?
• Comment fonctionne ce distributeur ?

1. **a. Lisez ces phrases et indiquez si elles correspondent à une demande d'argent, à un refus ou à un accord.**

	Demande	Refus	Accord
1. *Tu ne pourrais pas me prêter 100 balles ?*	☑	☐	☐
2. Je souhaite monter un dossier de crédit pour acheter une voiture.	☐	☐	☐
3. C'est impossible, je n'ai pas de tune.	☐	☐	☐
4. Bien sûr, vous me les rendrez à l'occasion, il n'y a pas d'urgence !	☐	☐	☐
5. Nous rencontrons actuellement des problèmes financiers et il faudrait que vous nous aidiez un peu.	☐	☐	☐
6. Vous avez bien fait de faire appel à moi, je peux vous accorder un prêt.	☐	☐	☐
7. J'ai besoin de liquidités pour créer ma structure aussi je me tourne vers vous…	☐	☐	☐
8. Tiens, ça te suffit ou tu veux plus ?	☐	☐	☐
9. Désolée mais je ne peux pas vous aider, je traverse moi-même une période difficile	☐	☐	☐
10. Je peux te filer 20 balles si tu veux, mais je ne peux pas plus.	☐	☐	☐
11. J'aimerais bien vous aider mais les temps sont durs pour moi aussi en ce moment.	☐	☐	☐

b. Relisez les phrases précédentes et indiquez si le ton est formel ou informel.
• Registre informel, amical : **1,**_____
• Registre formel, distant : _____

2. **a. Reliez les phrases qui peuvent se répondre.**

1. *Je voudrais faire un emprunt pour financer un projet professionnel*

2. J'ai oublié mon portefeuille, tu peux payer mon plateau-repas ?

3. Tu pourrais me donner mon argent de poche ?

4. Pourriez-vous me prêter 10 € s'il vous plaît ? Je suis partie sans mon sac.

5. Pourriez-vous me faire une avance sur salaire ?

6. J'ai plus de tunes, tu peux me dépanner ?

7. Pourriez-vous me dépanner de quelques pièces de monnaie ?

8. J'ai besoin d'une aide financière pour réaliser un projet personnel.

a. C'est envisageable, combien vous faudrait-il ?

b. Tu tombes mal, j'ai aussi des problèmes de fric.

c. Voilà, allez boire un café bien chaud.

d. *Bien sûr, je suis là pour vous aider à monter votre dossier.*

e. Vous faites erreur ; je vous conseille de vous adresser à un organisme de crédit.

f. Avec plaisir, les voici.

g. Mais on n'est pas encore à la fin du mois, tu attendras.

h. Pas de problème, demain, c'est toi qui paieras…

b. Reprenez les associations précédentes et créez-leur un contexte et des interlocuteurs.

✏️ *Exemple : 1-d :* ***Dans une banque, un client et un employé de l'agence.***

1. _____
2. _____
3. _____
4. _____
5. _____
6. _____
7. _____
8. _____

3. **À partir des situations et des profils de personnes donnés, préparez un court échange correspondant à une demande d'argent aboutissant à un accord ou un refus.**

✏️ *Exemple : un petit-fils/sa grand-mère/ un accord*

– *Mamie, je voudrais acheter un logiciel de jeu, mais c'est cher et je n'ai pas assez. Tu ne pourrais pas m'aider, me donner une petite avance sur mon cadeau d'anniversaire ?*

– *Antoine, je ne suis pas sûre que tes parents seraient d'accord, mais tu ne leur diras pas… Il te faut combien ?*

– *Tu es trop sympa !*

1. Un homme qui fait la manche dans la rue et un passant / refus.

_____
_____

2. Deux copains de collège/ accord.

_____
_____

3. Une cliente et la boulangère / accord.

_____
_____

4. Deux collègues de bureau / refus.

_____
_____

4. **Vous êtes à la banque. Imaginez des propos pour répondre aux besoins suivants.**

✏️ *Exemple : Recherche d'un formulaire de dépôt de liquide*

« *Pardon madame, pourriez-vous me donner un formulaire pour déposer des espèces ?* »

1. Demander des informations pour monter un dossier de crédit.
2. Ouvrir un compte bancaire.
3. Faire un retrait de 250 € sur un compte.
4. Demander des précisions sur le remboursement d'un emprunt.

PARLER DE SA SANTÉ

■ *AU CABINET DE RADIOLOGIE* piste 15

Le manipulateur : M. Lucas de Lacour, bonjour. Vous êtes suivi par le Dr Dumont qui vous demande de passer une radiographie du dos. Vous avez quel âge ?

Le patient : 32 ans

Le manipulateur : Vous savez, de plus en plus de jeunes ont ce genre de problème. Montrez-moi où vous ressentez une douleur.

Le patient : Dans le bas du dos, plutôt à gauche, par là.

Le manipulateur : Bien. Vous souffrez à des moments en particulier ?

Le patient : En fait, j'ai surtout mal au bureau, quand je travaille sur l'ordinateur. Pourtant j'ai un fauteuil ergonomique très adapté. J'ai aussi mal quand je piétine, au musée par exemple.

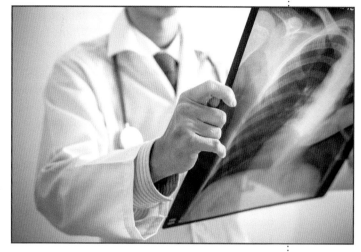

Le manipulateur : Je vois, les problèmes de dos, c'est le mal du siècle ! Vous pratiquez une activité physique régulière ?

Le patient : Oui, quand je peux je vais travailler à vélo et de temps en temps, le soir, je vais faire des longueurs à la piscine.

Le manipulateur : Excellent. Vous prenez des antidouleurs ?

Le patient : Le médecin m'a prescrit des calmants mais ça ne m'a pas fait grand-chose.

Le manipulateur : Et puis il ne faut pas abuser de ce genre de traitement. Vous avez vu un kinésithérapeute ?

Le patient : Oui j'ai fait une dizaine de séances et le matin, quand j'y pense et que je ne suis pas trop en retard, je fais des mouvements chez moi.

Le manipulateur : Parfait. Passez en cabine, enlevez votre chemise, votre pantalon et je viens vous chercher pour la radio.

◀⏵ 1. Écoutez et remplissez la fiche médicale de ce patient.

Nom : _____   Prénom : _____

Âge : _____   Activité professionnelle : _____

Localisation des douleurs : _____   Médecin traitant : _____

Traitements prescrits : _____

Activités sportives : _____

◀⏵ 2. Réécoutez et répondez aux questions.

1. Le ton de la conversation est : ☐ professionnel. ☐ amical. ☐ directif.

2. Le niveau de langue est : ☐ formel. ☐ informel. ☐ familier.

3. Quelles questions sont posées par le manipulateur sur la douleur ? sur les traitements antérieurs ?

4. Quelles expressions sont utilisées par le patient pour parler de sa douleur ? de ses traitements ?

■ VISITE À L'HÔPITAL piste 16

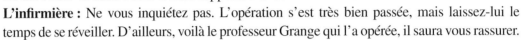

Le fils : Pardon madame. Je cherche la chambre de Mme Vaulx. Elle a été opérée de la main ce matin par le professeur Grange. Je suis son fils.

L'infirmière : Mme Vaulx… Oui effectivement, elle est en salle de réveil. Elle n'est pas encore remontée mais ça ne devrait pas tarder. Elle sera dans la chambre 233.

Le fils : Elle va bien ? Elle a bien supporté l'anesthésie ?

L'infirmière : Ne vous inquiétez pas. L'opération s'est très bien passée, mais laissez-lui le temps de se réveiller. D'ailleurs, voilà le professeur Grange qui l'a opérée, il saura vous rassurer.

Le fils : Ah ! Professeur Grange, excusez-moi, mais je voudrais avoir des nouvelles de ma mère, Mme Vaulx. Comment va-t-elle ?

Le chirurgien : Elle se réveille doucement, tout va bien. L'opération a parfaitement réussi. Elle a eu beaucoup de chance et je pense qu'elle va récupérer à 95 % l'usage de son doigt.

Le fils : Elle va sortir aujourd'hui ?

Le chirurgien : Il serait plus raisonnable de prévoir une sortie demain matin, mais si vous passez la nuit chez elle, je ne vois pas de contre-indication à ce qu'elle sorte ce soir.

Le fils : C'est parfait. Il lui faudra des soins ? Moi je tombe dans les pommes dès que je vois un peu de sang…

Le chirurgien : Ne vous inquiétez pas. Vous aurez juste à lui préparer un petit repas et à lui tenir compagnie. Pour les soins, voyez avec l'infirmière ; elle vous remettra une ordonnance. Je reverrai votre mère dans une dizaine de jours pour enlever les fils.

Le fils : Il faudra qu'elle fasse de la rééducation ?

Le chirurgien : Ce n'est pas certain. On verra ça lors du prochain rendez-vous.

◀⊱ 1. Écoutez et cochez les bonnes réponses.

	Vrai	Faux
1. Mme Vaulx est dans la chambre 233.	☐	☐
2. Elle a été opérée du pied.	☐	☐
3. Le chirurgien est pessimiste sur le résultat de l'opération.	☐	☐
4. Son fils est très inquiet.	☐	☐
5. La patiente peut sortir le soir même si elle le veut.	☐	☐
6. Son fils devra refaire le pansement de Mme Vaulx.	☐	☐
7. Mme Vaulx devra faire des séances de rééducation.	☐	☐
8. Il faut prévoir un rendez-vous avec l'infirmière dans dix jours.	☐	☐

◀⊱ 2. Réécoutez et répondez aux questions.

1. Le ton entre les professionnels de santé et le fils est :

☐ formel.   ☐ informel.   ☐ professionnel.   ☐ distant.   ☐ familier.

2. Comment le fils se présente-t-il à l'infirmière ; au chirurgien ?

3. Relevez les expressions employées :

• par le fils pour demander des nouvelles de sa mère.

• par l'infirmière et le chirurgien pour rassurer le fils.

• par le chirurgien pour formuler ses conditions de sortie ; pour mettre fin à la conversation et prendre congé du fils.

POUR DEMANDER L'ÉTAT DE SANTÉ

 • Comment tu te sens ?

• Tu es en forme ?

• Tu ne m'as pas l'air très en forme, non ?

 • Comment vous sentez-vous ?

• Dans quel état êtes-vous/ vous sentez-vous ?

• Je vous trouve l'air fatigué, je me trompe ?

POUR PARLER DE SON ÉTAT PHYSIQUE

 • Je suis en pleine forme.

• Je ne me sens pas bien / pas en forme. / Je suis à plat.

• Je suis dans une forme olympique.

• Je ne suis pas dans mon assiette. / Je suis patraque. *(familier)*

• J'ai la pêche/la frite/la patate. *(familier)*

• Je ne tiens pas debout/sur mes jambes.

• J'ai de la fièvre/ de la température.

• J'ai les jambes qui tremblent / les jambes en coton.

 • Je suis dans une forme éblouissante. / Je me sens dans une grande forme / Je me sens en pleine forme.

• Je ne me sens pas bien / dans une grande forme / au meilleur de ma forme.

• Je n'ai aucun problème de santé.

• Je me sens faible / fiévreux / fébrile / épuisé.

EXPRIMER SA DOULEUR

 • J'ai mal partout.

• J'ai (super) mal à la tête/J'ai la migraine.

• Mon ventre / Mon dos me fait mal / est douloureux.

• J'ai la tête qui tourne. /J'ai des vertiges.

• J'ai envie de rendre / de vomir.

• Je vais tomber dans les pommes.

• Je vais faire une syncope.

 • Je ressens des douleurs dans tout le corps.

• Je suis tout courbatu.

• Je me sens fatigué / épuisé / sans force.

• J'ai des maux de tête. / J'ai des céphalées. / J'ai des douleurs autour des yeux.

• Je souffre du dos/du ventre. / Mon dos/mon ventre me fait souffrir.

• J'ai des nausées. / Je vomis souvent.

• Je vais m'évanouir / perdre connaissance.

> ▸ *Attention à l'emploi des prépositions :*
> « avoir mal au/à la/à l'/aux + *nom* » mais « souffrir du/de la /des + *nom* »
> – *J'ai mal aux pieds ; Je souffre des pieds*
> Se plaindre de problèmes de dos : Dire qu'on a mal au dos

COMMUNIQUER EN CONSULTATION MÉDICALE

Questions possibles du médecin
• Donnez-moi / Avez-vous votre carte Vitale ?

• Prenez vous des médicaments ? Suivez-vous actuellement un traitement ?

• Avez-vous des allergies / Souffrez-vous d'allergies ? Êtes-vous allergique à certains médicaments ? / Avez-vous des médicaments contre-indiqués ?

• Quels sont vos antécédents familiaux ?

• Quelles interventions chirurgicales avez-vous subies ?

• Souffrez-vous d'une maladie chronique ?

• Quels sont vos symptômes ? / Où avez-vous mal ?

• Dormez-vous bien ? Avez-vous constaté des / souffrez-vous de troubles du sommeil ?

• Avez-vous constaté des troubles de l'appétit ? Mangez-vous bien ?

• Avez-vous des nausées / des vertiges / des problèmes intestinaux/gastriques ?

• Avez-vous constaté récemment une perte / une prise de poids ?

Prescriptions possibles du médecin
• Je vous prescris un traitement pour une semaine. Voici l'ordonnance. Commencez le traitement sans tarder.

• Je souhaite que vous fassiez / pratiquiez des analyses de sang / d'urine / de selles.

• Vous allez passer une radio pulmonaire / lombaire…

• Je vous donne une ordonnance pour que vous passiez une IRM / un scanner.

• Je voudrais que vous alliez consulter un de mes confrères / une de mes consœurs spécialistes.

• Je vous donne une lettre à remettre à mon confrère / ma consœur.

• Vous devez prendre sans tarder un rendez-vous auprès du docteur / professeur X de l'hôpital Y/du service de rhumatologie / oncologie / pédiatrie à l'hôpital Y.

Questions possibles du patient pour mieux s'informer
• Quelle est la durée du traitement ?

• Je prends actuellement / Je suis actuellement sous (*nom d'un médicament*). Ce n'est pas contre-indiqué ?

• À quel moment / Combien de fois par jour je dois prendre ces médicaments ?

• Ces médicaments ont des effets secondaires ? Ils peuvent créer une dépendance ?

• Pourriez-vous me recommander un centre de radio / d'imagerie médicale / un laboratoire d'analyses médicales / un spécialiste ?

• Je vais devoir faire combien de séances de kiné ?

• Est-ce que cette maladie est grave / infectieuse / contagieuse… ?

• Je dois revenir vous voir dans combien de temps ?

1. **a. Lisez ces phrases exprimant des commentaires sur la santé et indiquez si elles correspondent à un état de santé positif ou négatif.**

	Positif	Négatif
1. *Je ne me sens pas en grande forme.*	☐	✔
2. Elle a une pêche d'enfer.	☐	☐
3. Elle souffre de maux de tête fréquents.	☐	☐
4. Sa jambe lui fait très mal.	☐	☐
5. Il ne ressent plus aucune douleur depuis son traitement.	☐	☐
6. J'ai super mal au dos.	☐	☐
7. Elle ne va pas fort.	☐	☐

	Positif	Négatif
8. Il se plaint régulièrement de nausées.	☐	☐
9. Elle est dans une super forme.	☐	☐
10. Je me sens épuisé.	☐	☐
11. Il ne tient pas sur ses jambes.	☐	☐

b. Relisez les phrases précédentes et indiquez si le ton est formel ou informel.
• Registre standard ou familier : **1**, _____
• Registre soutenu : _____

2. **Reliez les demandes du médecin aux actions attendues.**

1. _J'aimerais que vous alliez consulter un de mes confrères._

2. Vous allez faire des analyses de sang.

3. Je vous prescris des séances de rééducation.

4. Vous allez suivre ce traitement une semaine.

5. Je souhaite que vous passiez une radio pulmonaire.

6. Je voudrais vous revoir dans dix jours.

7. Quels sont vos symptômes ?

a. Prendre rendez-vous chez un kinésithérapeute.
b. Exposer ses problèmes.
c. Aller à la pharmacie acheter des médicaments.
d. Prendre un nouveau rendez-vous en consultation.
e. Prendre rendez-vous dans un centre d'imagerie médicale.
f. _Prendre un rendez-vous pour une consultation._
g. Aller dans un laboratoire d'analyses médicales.

3. **Complétez les phrases avec les mots suivants.**

traitement – analyses – IRM – diagnostic – ~~symptômes~~ – consultation – ordonnance

✎ _Exemple : Avant de vous examiner, je voudrais que vous me disiez quels sont vos **symptômes.**_

1. Pour établir un _____ fiable, il faudrait que vous fassiez tout d'abord une batterie d'examens, dont des _____ de sang et d'urine.

2. Nous allons commencer par un _____ de sept jours puis vous reviendrez me voir.

3. La radio ne donne pas beaucoup d'indications. Il faudrait que vous preniez un rendez-vous à l'hôpital pour passer une _____ .

4. Vous allez commencer ce nouveau traitement. Passez dès que possible à la pharmacie avec cette

_____ .

5. J'aimerais que vous alliez voir un spécialiste. Prenez rendez-vous pour une _____ et je vous donne cette lettre à lui remettre de ma part.

4. **Expliquez votre problème de santé dans chacune des situations suivantes. Imaginez le dialogue.**

1. Après une chute, vous allez aux urgences et vous rencontrez un médecin. Vous devez décrire vos symptômes. Imaginez le dialogue.

2. Vous êtes en consultation chez un médecin et vous demandez comment prendre des médicaments. Le médecin vous explique.

3. Par téléphone : vous demandez un rendez-vous pour une consultation à la secrétaire.

4. Vous répondez aux questions d'une assistante médicale qui remplit votre dossier.

5. Vous êtes en consultation chez un médecin généraliste et vous êtes inquiet. Vous posez des questions sur votre état de santé.

■ DÉPART AUX AURORES piste 17

Alice : Jérémy, je viens de regarder nos billets. Tu sais qu'on doit être à 5 h 15 à l'aéroport samedi matin. On y va comment ?

Jérémy : Mais pourquoi si tôt ? Notre vol n'est qu'à 7 h 15 !

Alice : Tu sais bien que les contrôles des papiers et des bagages peuvent prendre du temps et il faut arriver deux heures à l'avance. Moi je ne veux pas rater l'avion…

Jérémy : Moi non plus. Bon, t'inquiète on va prendre le métro et le RER B. On n'a qu'un seul changement…

Alice : Mais d'ici, il faut plus d'une heure pour aller à Roissy, donc il faudrait partir d'ici à 4 h ou 4 h 15 au plus tard et il n'y a pas de RER à cette heure-là, je crois. Laisse-moi vérifier sur Internet… C'est bien ce que je pensais : le premier RER circule à 4 h 53 et c'est trop tard pour nous !

Jérémy : Ah… alors on peut prendre la navette Roissy bus ; ça commence à quelle heure ?

Alice : Je regarde… ça ne marche pas non plus : le premier départ d'Opéra est à 5 h 15. Donc c'est trop tard.

Jérémy : Alice, tu es sûre que ton père ne pourrait pas nous emmener d'un coup de voiture ?

Alice : Non mais tu rêves ! On ne va pas déranger mon père aux aurores parce qu'on part une semaine en vacances… Non, je vois seulement le taxi partagé.

Jérémy : Alors on le réservera vendredi soir. Tu vois, ça ne sert à rien de stresser, on finit toujours par trouver une solution. Tant que j'y pense, je te donne tout de suite mon passeport, je serais bien capable de le perdre avant de partir. Mets-le avec le tien et les billets d'avion.

◀ 1. Écoutez et cochez les bonnes réponses.

	Vrai	Faux
1. Les deux personnes doivent prendre un avion de bonne heure.	☐	☐
2. Il faut arriver une heure avant d'embarquer dans l'avion.	☐	☐
3. Pour aller à l'aéroport, ils peuvent prendre le RER.	☐	☐
4. Le RER ne circule pas suffisamment tôt pour arriver à temps à l'aéroport de Roissy-Charles-de-Gaulle.	☐	☐
5. Les navettes pour l'aéroport fonctionnent 24 sur 24 h.	☐	☐
6. Le père d'Alice pourra les accompagner.	☐	☐
7. Ils trouveront un taxi dans la rue samedi matin.	☐	☐
8. Ils réserveront un taxi partagé la veille au soir.	☐	☐
9. Alice va rassembler les documents du voyage.	☐	☐

◀ 2. Réécoutez et indiquez le ton de l'échange.

☐ Formel. ☐ Informel. ☐ Standard. ☐ Familier.

3. Comment Jérémy suggère-t-il que le père d'Alice les accompagne ?

■ *AU GUICHET RATP* piste 18

La touriste : Pardon monsieur, je voudrais un « pass » pour trois jours dans Paris.
L'employé : Vous devez aller sur la borne. Nous ne vendons pas de titre de transport au guichet.
La touriste : Mais je ne sais pas comment faire. Vous pouvez m'aider ?
L'employé : Une minute, je vous rejoins.
(Devant la borne)
L'employé : Voilà, vous voulez un forfait Paris visite pour trois jours, c'est bien ça ? Donc vous cliquez ici.
La touriste : C'est combien ?
L'employé : Le forfait coûte 26,65 €.
La touriste : Et je peux prendre le métro et le bus ?
L'employé : Oui et même le tram et le RER. Vous pouvez aller à Versailles, à Eurodisney et aussi à l'aéroport. Vous le voulez ?
La touriste : Oui merci. Je mets ma carte bleue ?
L'employé : C'est ça. Je vous laisse composer votre code… Voilà votre coupon. Vous devez écrire dessus votre nom, votre prénom et les dates de début et de fin de validité. Et faites bien attention à ne pas le perdre !
La touriste : Merci monsieur, vous êtes très gentil !
L'employé : Je vous en prie et profitez bien de votre séjour à Paris !
La touriste : Pardon, encore une question : je fais comment pour aller à Charlcs-de-Gaulle-Étoile ?
L'employé : Vous prenez la ligne 3 jusqu'à Villiers puis vous changez, vous prenez la 2 direction Porte Dauphine et vous arrivez à Charles-de-Gaulle. Venez, je vais vous donner un plan et vous pourrez vous débrouiller partout. Vous pouvez aussi télécharger l'application RATP sur votre smartphone.
La touriste : Oh, super !

🔊 1. Écoutez et répondez aux questions.

1. La touriste veut un forfait pour combien de jours ? _____

2. Où peut-elle acheter ce titre de transport ? _____

3. Quel est le prix ? _____

4. Quels moyens de transport lui sont accessibles avec ce forfait ? _____

5. Que doit-elle écrire sur le coupon ? _____

6. Pour aller à Charles de Gaulle étoile, que doit-elle faire ? _____

7. Comment l'employé veut-il aider la touriste dans ses déplacements ? (2 moyens)

🔊 2. Réécoutez et indiquez le ton de l'échange :

☐ formel. ☐ informel. ☐ distant. ☐ convivial. ☐ familier.

3. Soulignez les expressions permettant de se déplacer dans le métro.

POUR DEMANDER SON CHEMIN DANS LA RUE

 • Je cherche la rue Léon-Blum, vous pouvez m'aider ?

• L'avenue Flaubert, vous connaissez ? / La place Victor-Hugo, tu connais ?

• Vous savez où est la station de métro Pereire ?

• S'il vous plaît, le boulevard Magenta. / L'avenue Montaigne c'est bien par là ?

 • Pourriez-vous m'indiquer la rue Léon-Blum s'il vous plaît ?

• Je voudrais aller place Brassens, pourriez-vous m'aider ? / Pourriez vous m'aider, s'il vous plaît, je cherche la station de métro Pereire ?

• Pardon madame, pourriez-vous me dire où se trouve le boulevard Magenta ?

POUR INDIQUER UNE DIRECTION

 • Continue(z) tout droit.

• Tu tournes/vous tournez à droite.

• Traversez le pont.

• Longez le quai / la voie rapide.

• Il faut prendre la deuxième à droite/à gauche. / Prenez l'avenue du roi à gauche/sur votre gauche.

• Vous allez continuer jusqu'au carrefour et tourner à gauche.

 • Il faut que vous continuiez (sur) l'avenue…

• C'est très simple/ C'est facile : vous allez suivre l'avenue…

• Je vous conseille de prendre la rue X sur votre gauche.

• Vous n'êtes pas dans la bonne direction. Il faudrait que vous reveniez sur vos pas et que vous preniez le boulevard Y sur votre gauche.

• Le plus simple serait de traverser le pont et de longer la rivière sur la droite.

> ▶ *Remarque*
>
> Pour indiquer une direction, on peut utiliser :
>
> - **l'impératif :** *Prenez la première rue à droite.*
> - « **Vous devez** + *infinitif* » : *Vous devez remonter la rue toujours tout droit.*
> - « **Il faut** + *infinitif* » : *Il faut revenir sur vos pas et tourner à droite…*
> - « **Il faut que** + *subjonctif* » : *Il faut que vous suiviez le fléchage.*
> - « **Je vous conseille de** + *infinitif* » : *Je vous conseille de traverser le fleuve.*

POUR COMPRENDRE UNE DIRECTION DANS LE MÉTRO, DANS LE TRAM

Avant de prendre un transport urbain (bus, métro, RER ou tram), vous devez composter votre ticket/titre de transport ou présenter votre carte d'abonnement, sinon vous risquez d'avoir une amende si vous tombez sur un contrôleur.

• Je voudrais allez à la station Saint-Lazare, vous pouvez m'aider ?

• Prenez la (ligne) 7, direction La Courneuve.

• Descendez à (la station) Opéra.

• Changez pour la ligne 3 / Prenez la correspondance pour la ligne 3, direction Pont-de-Levallois.

POUR ACHETER UN BILLET DE TRAIN

Vous pouvez acheter votre titre de transport par internet. Dans les gares et les boutiques SNCF, vous trouverez des bornes en libre-service pour acheter, retirer un billet préalablement réservé sur Internet, échanger ou annuler un billet.

Vous devrez indiquer si vous souhaitez un aller simple ou un aller-retour, votre ville de départ, votre destination, le jour et l'heure du départ/du retour, la classe (1re ou 2nde), votre nom et prénom. Au guichet, vous donnerez les mêmes indications à un employé.

Vous pouvez bénéficier de réductions selon votre âge, votre statut. Pour cela il faut consulter les agents ou le site SNCF.

- Je voudrais un billet aller-retour (ou aller simple) pour Lyon.
- Il y a un train direct / un TGV / un TER pour Montpellier ?
- Je souhaite partir le 12 octobre avec un retour le 16 octobre.
- Je préfère partir en milieu de matinée / fin de journée.
- Quel est le prix en seconde ? Et en première ?
- Je voudrais réserver une couchette. *(Pour les trains de nuit.)*
- Le train de 18 h 05 pour Lyon part de quel quai ?
- J'ai une place dans la voiture 14, siège 26.
- Dans quelle voiture se trouve l'espace bar ?

À L'AÉROPORT

Phrases possibles avant l'embarquement :
- Où se trouve le terminal A / la zone E / la porte B / le guichet d'enregistrement ?
- Où est la borne d'enregistrement automatique ?
- Je voyage en classe économique/affaires.
- J'ai un bagage à enregistrer en soute. / Où je peux déposer mon bagage ?
- Je n'ai pas de bagage à enregistrer / j'ai seulement un bagage cabine.
- Est-ce que je pourrais avoir un siège côté hublot / allée ?
- Où est-ce que je peux retirer ma carte d'embarquement ? / Vous pouvez m'aider pour obtenir ma carte d'embarquement ?
- Où se trouve la boutique hors taxe / duty free ?
- Je cherche la zone internationale.
- Où se trouve le bureau des douanes ?
- Je cherche un bureau de change. / Je voudrais acheter/vendre des devises.

1. **a. Lisez ces phrases et indiquez s'il s'agit d'une demande ou d'une réponse.**

	Demande	Réponse
1. *Je cherche la rue Danton, vous pouvez m'aider…*	✔	
2. Prenez la troisième rue à gauche…		
3. Il faut que vous continuiez tout droit jusqu'au pont…		
4. La place Garibaldi c'est à droite ou à gauche…		
5. Pardon madame, où se trouve la station de métro la plus proche…		
6. Vous devez descendre à la prochaine…		
7. Pour aller à Réaumur-Sébastopol, s'il vous plaît…		
8. La Halle aux grains, c'est par où…		
9. Suivez les flèches…		
10. S'il vous plaît, pourriez-vous m'indiquer où se trouve le musée d'Orsay…		
11. La gare de Lyon, c'est bien par là…		
12. Sauriez-vous par hasard où se trouve la rue Louis Blanc…		

b. Relisez les phrases précédentes et indiquez si le ton est formel ou informel

• Registre informel, standard : **1,**_____

• Registre formel : _____

2. **Complétez le texte avec les expressions suivantes.**

correspondance – contrôleur – changement – direction – station – ~~titre de transport~~ – ligne

Si vous empruntez le métro, vous devez composter votre *titre de transport*. Vérifiez sur un plan la

_____ que vous devez prendre et regardez si vous avez un _____ ou si c'est

direct. Si vous changez, descendez à la bonne _____, prenez la _____

choisie et ne vous trompez pas de _____. Et continuez votre itinéraire. Conservez votre

ticket jusqu'à la sortie, car un _____ peut vous demander de le présenter à tout moment !

3. **Lisez ces phrases et indiquez si elles sont prononcées dans une gare, dans un aéroport, ou si elles peuvent être prononcées dans les deux.**

	Gare	Aéroport	Les deux
1. *Je cherche le guichet des enregistrements.*	☐	☑	☐
2. Je voudrais un aller simple pour Lyon.	☐	☐	☐
3. Pourriez-vous me dire où je peux retirer ma carte d'embarquement ?	☐	☐	☐
4. C'est quel quai pour Marseille ?	☐	☐	☐
5. Je n'ai qu'un bagage cabine.	☐	☐	☐
6. J'ai réservé une couchette.	☐	☐	☐
7. Pourriez-vous m'indiquer le bureau des douanes ?	☐	☐	☐
8. Je voyage en classe économique.	☐	☐	☐
9. J'ai besoin d'étiquettes pour mon bagage en soute.	☐	☐	☐
10. Je suis dans l'allée 2, siège 14A.	☐	☐	☐
11. Où est la porte d'embarquement pour Bruxelles ?	☐	☐	☐
12. J'ai une place en seconde, voiture 12, siège 23.	☐	☐	☐

4. **À L'aéroport : imaginez votre demande correspondant aux réponses données**

✐ *Exemple :* – **À quelle porte et à quelle heure on peut embarquer ?/ Je dois aller où pour l'embarquement ? Ça commence à quelle heure ?**

   – *L'embarquement aura lieu à la porte 8 à partir de 21 h 05.*

1. – _____ ?

– Pour enregistrer vos bagages, allez au guichet 8 ou faites-le sur la borne automatique.

2. – _____ ?

– Désolée, il n'y a plus de siège disponible près des hublots. Je vous donne un siège allée ?

3. – _____ ?

– Passez d'abord le contrôle des douanes, puis vous accéderez à la zone internationale où il y a les boutiques hors taxe.

4. – _____ ?

– Oui, à condition que votre bagage n'excède pas les dimensions réglementaires.

5. – _____ ?

– Une hôtesse va venir vous aider pour obtenir votre carte d'embarquement.

LES LOISIRS ET LES VACANCES

■ *LES JOURNÉES DU PATRIMOINE* piste 19

Olga : Savez-vous Marguerite, que ce week-end ce sont les Journées du patrimoine ? Que diriez-vous d'aller visiter des monuments habituellement fermés au public ?

Marguerite : Mais vous faites bien de me le rappeler, Olga, j'avais oublié ! J'ai raté cet événement l'an dernier. J'espère seulement que les files d'attente ne seront pas interminables. Avez-vous déjà consulté le programme ?

Olga : Oui, j'aimerais beaucoup aller visiter les serres du jardin du Luxembourg. On ne peut jamais les visiter. Ce serait l'occasion. Ça vous tenterait ?

Marguerite : Très volontiers, j'ai entendu dire qu'il y a une collection d'orchidées exceptionnelle. Et comme nous serions dans ce quartier, nous pourrions en profiter pour visiter les bâtiments de la Sorbonne.

Olga : Vous avez là une idée magnifique ! Attendez, laissez-moi regarder de nouveau le programme... Mais c'est formidable, on propose aussi à la Sorbonne un concert dans l'après-midi du samedi. Ce serait bien agréable pour continuer notre après-midi culturelle. Qu'en pensez-vous ?

Marguerite : Quand même, nous avons une chance inouïe d'habiter à Paris et nous aurions bien tort de ne pas en profiter. Nous pourrions déjeuner dans le restaurant du jardin du Luxembourg si le temps le permet. J'adore cet endroit.

Olga : Vous avez une excellente idée. Alors nous pourrions nous retrouver vers 11 h devant la grille principale du jardin. Je prendrai quand même mon parapluie, on ne sait jamais.

Marguerite : Quel optimisme !

◀ξ 1. Écoutez et cochez les bonnes réponses.

	Vrai	Faux	On ne sait pas
1. Les Journées du patrimoine se déroulent chaque année.	☐	☐	☐
2. Les deux personnes vont participer aux visites du patrimoine sur les deux jours.	☐	☐	☐
3. Cet événement attire peu de monde.	☐	☐	☐
4. Elles vont visiter une partie exceptionnellement ouverte au public du jardin du Luxembourg.	☐	☐	☐
5. Elles ne pourront pas assister à un spectacle.	☐	☐	☐
6. Elles déjeuneront près de la Sorbonne.	☐	☐	☐

◀ξ 2. Réécoutez et répondez aux questions.

1. Quel est le lien de relation entre ces deux personnes ? _____

2. Comment s'adressent-elles la parole ? ☐ Tutoiement. ☐ Vouvoiement.

3. Elles emploient un langage : ☐ familier. ☐ soutenu.

3. Relevez les expressions employées pour proposer des activités ; pour les accepter.

■ *PROJET DE VACANCES* piste 20

(Mi-mai à la sortie de la fac.)

Maud : Alors Noémie, qu'est-ce que tu vas faire pendant les vacances ?

Noémie : D'abord je travaille en juillet pour me payer un stage de voile en Bretagne. Et toi, tu fais quoi ?

Maud : Sympa ton projet. Moi, je ne sais pas encore. Une amie me propose d'aller au festival d'Avignon. Sa tante peut nous héberger et on pourrait rester chez elle quelques jours. J'aimerais bien voir l'ambiance, je n'y suis jamais allée. Après je ne sais pas trop ; j'irais bien marcher dans les Hautes-Alpes. Quelques jours de randonnée, ça me tente, mais je ne veux pas partir seule. Je vais en parler à ma sœur, elle serait peut-être partante.

Noémie : Si je n'avais pas déjà réservé mon stage de voile je serais bien partie avec toi... Tiens, voilà Paul. Coucou Paul, et toi, tu fais quoi cet été ?

Paul : Salut les filles. Moi pendant les vacances, je vais d'abord travailler quatre semaines avec mes parents à Bordeaux pour gagner du fric et après, je pars sur un chantier international. On va restaurer une bergerie dans les Pyrénées.

Maud : Un chantier international, c'est quoi ça ?

Paul : Il y a des jeunes de partout qui viennent travailler ensemble sur un projet. C'est trop cool et on ne travaille que le matin.

Noémie : Vous êtes payés ?

Paul : Non, c'est du bénévolat ; il faut juste s'inscrire à l'association et après on est nourris et logés pendant le séjour.

Maud : Ça se fait seulement en France ?

Paul : Non tu peux partir an Afrique, en Asie, aux quatre coins du monde, partout où il y a des besoins de bénévoles

Maud : Moi, ça pourrait m'intéresser pour l'été prochain. Tu m'envoies le lien de ton asso ?

◀ 1. Écoutez et remplissez les projets de ces trois étudiants.

	1er projet / durée	2e projet / durée
Noémie		
Maud		
Paul		

Comment se passe la participation à un chantier international en France ?

◀ 2. Réécoutez et répondez aux questions.

1. Quel est le ton de la conversation ?

                ☐ Formel.   ☐ Informel.   ☐ Familier.   ☐ Amical.

2. Quelles expressions sont employées pour parler de leurs projets de vacances ?

3. Comment réagissent les autres ? _____

POUR PARLER DE SES LOISIRS

 • Qu'est-ce que tu fais/vous faites pendant tes/vos loisirs ?

• Qu'est-ce que vous faites le soir/le week-end ? Tu fais quoi le soir/le week-end ?

• Tu fais quoi quand tu ne travailles pas / quand tu es libre?

 • Que faites-vous pendant votre temps libre ?

• Que faites-vous pendant vos loisirs ?

• Que faites-vous quand vous avez du temps ?

• Quels sont vos passe-temps/loisirs préférés ?

ACTIVITÉS CULTURELLES

• Je vais au ciné (cinéma) / en boîte / à la salle de sport / au théâtre / à des concerts.

• J'ai un abonnement au théâtre / au concert et j'y vais souvent.

• Je vais visiter/voir des expos (expositions) / des musées / des galeries.

• Je vois des amis. / Je sors avec des amis. / Je retrouve des amis au restaurant / au café.

POUR ACHETER DES PLACES DANS UNE SALLE DE SPECTACLE

> ▶ *Remarque*
>
> • Au cinéma, on achète des places et la **réservation**, qui peut se faire en ligne, est peu répandue.
>
> • Au théâtre, au concert, pour un spectacle de danse ou de cirque, il faut réserver les places (ou les fauteuils) à l'avance dans une **billetterie**, au **guichet** du **théâtre** ou en ligne. Les places sont en général numérotées.
>
> • Quand on achète les places en ligne, il faut généralement échanger les **contremarques** une demi-heure avant le début du spectacle pour obtenir les billets.
>
> • La salle est divisée en plusieurs parties et le prix des places diffère selon les catégories. Les places les plus coûteuses se trouvent à **l'orchestre** ou dans le **parterre**, face à la scène, aux balcons ou corbeilles (au-dessus de l'orchestre), dans les **baignoires** ou **loges** (sur les côtés au-dessus de l'orchestre). Les places les moins coûteuses sont au **poulailler** ou **paradis** (au dernier étage, où la visibilité n'est pas très bonne).
>
> • Dans les théâtres nationaux, on ne donne pas de pourboire aux ouvreuses ce qui se pratique dans les théâtres privés.

• Je voudrais acheter deux places pour les *Fourberies de Scapin* pour le samedi 3 octobre.

• Quel est le prix des fauteuils à l'orchestre ? Avez-vous des places moins chères ?

• La visibilité est-elle correcte au poulailler ?

• Avez-vous des tarifs réduits pour les groupes / les jeunes / les étudiants /les seniors ?

ACTIVITÉS PHYSIQUES ET SPORTIVES :

• On fait des promenades en forêt / dans la ville / au bord de la mer / sur les bords du fleuve. / On se promène en famille.

• Je fais du sport : je marche / je cours / je nage (je vais à la piscine)

• Je fais de la natation / de l'équitation / du yoga / de la randonnée / de l'escalade / du surf / du vélo…

• Je pratique le tai-chi, le golf, la marche active.

• Je joue au tennis / au golf / au football / au basket.

POUR PARLER DE SES VACANCES

Questions possibles
- Avez-vous des projets pour l'été / les vacances ?
- Comment / Où passerez-vous vos prochaines vacances ? / Où souhaitez-vous passer vos vacances ?
- Qu'allez vous faire / que faites-vous pendant les vacances ?
- Qu'est-ce que tu fais cet été / pour/ pendant les vacances ? / Cet été tu fais/vous faites quoi?
- Nous allons dans notre résidence secondaire à la campagne. / Nous allons dans notre maison de famille.
- Nous allons dans la famille / chez des parents / chez des amis.
- Je pars en club de vacances/en village de vacances.
- Nous allons nous promener en France.
- J'ai besoin de me reposer, alors je ne fais rien de spécial.
- Je pars une semaine en Provence.

La destination
- Je pars à l'aventure, je n'ai rien organisé.
- Où partirez-vous ? / Quelle est votre destination ?
- Nous restons en France /nous partons à l'étranger.
- Je vais rejoindre des amis en Sicile.
- Je pars en voyage organisé en Andalousie. / Je pars en groupe en Turquie.
- Je vais faire un circuit au Maroc.

L'hébergement
- Où dormirez-vous ? / Quel hébergement avez-vous prévu ?
- Nous dormirons chez des amis / des amis nous accueillent / nous invitent pour passer quelques jours.
- Nous serons hébergés chez des parents / Nous allons dans la famille.
- Nous avons réservé un hôtel / cinq nuits à l'hôtel / nous dormirons à l'hôtel.
- Nous avons loué un gîte / nous avons réservé des chambres dans une maison d'hôte.
- Nous prendrons des chambres chez l'habitant.
- Nous avons loué un bungalow/un mobile home / Nous ferons du camping / nous dormirons sous la tente. / Nous avons loué un camping-car.

LE TOURISME

*Le choix est grand. On peut visiter des villes, capitales ou provinciales (en province), un quartier historique. Les parcours de visite sont parfois fléchés pour indiquer un **circuit touristique**.*

*Quand on visite un monument ou un musée, on peut faire une **visite libre**, prendre un **audioguide** ou demander les services d'un guide et, dans ce cas, on suit une **visite guidée** ou **commentée**.*

Des phrases couramment entendues lors d'une visite seront :
- Par ici la visite. / Veuillez me suivre. / La visite commence ici.
- Vous pouvez admirer le donjon / la chapelle / les douves / la cour d'honneur…
- Ici vous vous trouvez dans l'ancienne salle des gardes / la salle de réception…
- C'est dans cette salle que…
- Nous allons emprunter un escalier dérobé. / Nous allons passer dans la salle suivante.
- Attention à la tête.
- Ne vous approchez pas s'il vous plaît… / Veuillez reculer un peu. / Veuillez vous rapprocher un peu.
- N'hésitez pas à m'interrompre si vous avez des questions.
- La visite est maintenant terminée.

1. **Les sports – Associez les éléments pour faire des phrases**

• Nous faisons…

• Ils pratiquent…

• Il joue…

1. *Nous faisons* du ski en février.

2. _____ du judo chaque semaine.

3. _____ au handball tous les samedis.

4. _____ le tennis le lundi soir.

5. _____ de la danse classique tous les jeudis soir.

6. _____ au football le week-end.

7. _____ le golf le dimanche après-midi.

2. **Les vacances – Associez les questions et les réponses suivantes.**

1. *Où souhaitez-vous partir en vacances ?*

2. Tu pars comment ?

3. Vous avez réservé des chambres d'hôtel ?

4. Vous partez en camping ?

5. Tu pars seule au Maroc ?

6. Vous prenez l'avion pour aller à Ajaccio ?

7. Vous partez combien de temps dans les Alpes ?

8. Vous partez tous les deux à l'aventure au Cambodge ?

9. Vous partez en train ?

a. Non, cette année, nous avons loué un camping-car.

b. Non, je pars en voyage organisé.

c. Deux semaines de randonnée et une semaine après pour nous reposer.

d. Je fais un covoiturage.

e. En fait, on a réservé nos billets d'avion et les deux premières nuits d'hôtel. Et après on avisera.

f. Oui, en train de nuit, j'ai réservé des couchettes.

g. Non, la voiture, on va jusqu'à Marseille ; et ensuite, le bateau jusqu'en Corse.

h. *Nous aimerions aller au soleil*

i. Non, nous avons pris le matériel de camping.

3. **Les loisirs – Complétez ces phrases avec les expressions suivantes à la forme correcte:**

   place – visite – balcon – audioguide – gîte – poulailler – pièce – scène – site – exposition

1. Samedi soir, je suis allé au théâtre voir une _____ de Marivaux. Nous avions de très bonnes _____ , au premier _____ , juste en face de la _____ . Je plains les spectateurs qui étaient au _____ car ils ne devaient pas bien voir les acteurs.

2. Vendredi soir, j'ai visité une _____ très intéressante sur le peintre Jean-Baptiste Corot. Comme je ne connaissais pas bien sa peinture, j'ai loué un _____ et j'ai appris beaucoup sur ce peintre.

3. Cet été, on a loué un _____ dans le Périgord. On a découvert la région qui est riche en châteaux et _____ remarquables ce qui nous a incités à faire plusieurs _____ touristiques agréables.

4. **Vous êtes au guichet du théâtre de l'Odéon pour acheter deux places pour la pièce *Les Particules élémentaires*, le 28 octobre à 20 h 30, au tarif de 29 € par place dans l'orchestre. Vous imaginez le dialogue avec l'employée**

■ BILAN 2

1. **Au restaurant – Complétez les extraits du dialogue avec les expressions suivantes :**

boisson – table – à point – cafés – carte –addition – service – café – menu – formule –plats – cuisson.

– Bonsoir, auriez-vous une _____ pour deux ?

– Asseyez vous, je vous apporte la _____ .

(…)

– Le _____ à 35 € me convient, avec les escargots et le pavé au poivre Qu'est-ce qui te tente ?

– Je n'ai pas très faim ; la _____ plat-dessert me suffira.

– Vous avez choisi ? (…) Quelle _____ pour le pavé ?

– _____ (…) Et comme _____ , vous pouvez nous conseiller ?

– Notre côtes-du-rhône est très bien _____

(…)

– S'il vous plaît, je pense qu'il y a une erreur dans l'_____ : ce ne sont pas nos _____ .

– Excusez-moi, je vais corriger ça… Voilà et la maison vous offre les _____ pour se faire pardonner.

(À son amie)

– C'est la moindre des choses car le _____ laissait un peu à désirer.

2. **Problèmes d'argent – Imaginez dans quel contexte ces phrases ont pu être prononcées (interlocuteurs et situation)**

✎ *Exemple : « Tu pourrais me dépanner de 20€ jusqu'à demain ? »* → **Deux amis, l'un souhaite emprunter de l'argent à l'autre**

1. « Je suis désolée mais je n'ai pas de monnaie. Vous n'avez pas l'appoint ? »

_____

2. « Je souhaite faire un retrait de 250 € s'il vous plaît. »

_____

3. « Vous devez établir un chèque de 195 € à l'ordre du comptable de l'université. »

_____

4. « Vous pouvez régler votre canapé en trois mensualités, si vous préférez. »

_____

5. « Désolée, mais je ne peux pas t'aider en ce moment, mon compte est dans le rouge. »

_____

3. **Répondez au médecin : associez les questions et les réponses.**

Questions du médecin	Réponses du patient
1. *Vous avez des difficultés respiratoires ?*	a. Oui, j'ai envie de rendre.
2. Vous souffrez de maux de tête ?	b. Non, je dors bien.
3. Vous avez des vertiges ?	c. Non, je ne prends pas de médicaments.
4. Avez-vous des troubles intestinaux ?	d. Non je ne suis pas tombé dans les pommes.
5. Vous avez la nausée ?	e. Oui j'ai la tête qui tourne.
6. Vous devez pratiquer des analyses sanguines.	f. *Oui, j'ai du mal à respirer.*
7. Vous avez perdu connaissance ?	g. Alors je dois faire une prise de sang.
8. Vous suivez un traitement actuellement ?	h. Oui j'ai des migraines.
9. Avez-vous des troubles du sommeil ?	i. Non je n'ai pas mal au ventre.

■ BILAN 2

4. **Dans une agence SNCF – Complétez ce dialogue, avec les mots suivants.**

destination – départ – changement – classe – ~~aller simple~~ – voiture – direct – siège – horaires

– Bonjour madame, je voudrais un billet pour Nice s'il vous plaît.

– Très bien, un **aller simple** ou un aller-retour ?

– Je ne connais pas encore mes dates de retour, donc j'achèterai mon retour à Nice.

– Quel jour souhaitez vous partir ?

– Le mercredi 6 novembre.

– Avez-vous une préférence pour les _____ ?

– Plutôt en fin de matinée.

– Parfait donc une place à _____ de Nice le 6 novembre, avec un _____ à 10 h 34.

– C'est un train _____ ?

– Non, vous aurez un _____ d'une dizaine de minutes à Toulon… Ah, j'oubliais, vous souhaitez voyager en seconde ?

– Non je préfère en première.

– Donc voici votre billet : vous avez le _____ 32 dans la _____ 12.

– Très bien, je vous dois ?

– 82 euros.

5. **À l'aéroport – Remettez les phrases dans l'ordre logique.**

a. Vous passez les contrôles d'identité et de douane. → . . . . . .

b. Vous récupérez votre carte d'embarquement. → . . . . . .

c. Vous patientez devant la porte d'embarquement. → . . . . . .

d. Vous faites enregistrer votre bagage. → . . . . . .

e. Vous vous présentez au guichet de la compagnie aérienne avec votre billet
et votre passeport. → . . . . . .

f. Vous arrivez en zone internationale. → . . . . . .

6. **Les loisirs – Complétez ces extraits de dialogues avec les expressions suivantes :**

a. conférenciers –brochure – guidée – tarif – audio-guide – entrées – ~~visite~~.

– La prochaine **visite** commence dans 30 minutes, on attend ?

– Non, on va prendre un _____ et tu me feras le commentaire.

– Alors deux _____ , _____ étudiant s'il vous plait. Je peux prendre la _____ ?

(Un peu plus tard)

– Tu vois, on aurait dû attendre la prochaine visite. J'aime bien écouter les commentaires. Ce sont souvent des _____ très bien documentés.

b. voyage – agence – formule – maisons d'hôte – circuit – groupe – réservations – ~~vacances~~.

– Alors vos projets pour les **vacances** ?

– On part en Turquie en _____ organisé. On va faire un grand _____ à travers la Cappadoce. Je pense que ça va être magnifique !

– Et vous serez nombreux dans le _____ ?

– Non, on part tous les deux mais l'_____ met à notre disposition une voiture avec chauffeur et s'occupe des _____ dans des _____ . C'est une nouvelle _____

EXPRIMER UN BESOIN, UNE ENVIE, UN DÉSIR

■ *SOIRÉE DE RÊVE* piste 21

(En famille : les parents, un ado, Victor, 13 ans, et sa sœur Amélie, 8 ans)

La mère : on va faire un petit jeu. Chacun va raconter sa vie idéale. Mais les autres doivent juste écouter sans faire de commentaire. D'accord ?

Les trois autres : Ça marche !

Amélie : C'est moi qui commence : d'abord, ce serait toujours les vacances ; on habiterait à côté de la plage dans une grande maison, on pourrait jouer avec mes copines parce qu'elles seraient tout le temps à la maison. Ce serait génial !

Le père : Bon, à toi Victor.

Victor : Moi, j'aimerais jouer de la batterie. On ferait un groupe de rock et on serait hyper connu, on donnerait des concerts à New York, à Londres, à Tokyo, partout. On aurait plein de fans… Ce serait trop cool.

Le père : Bon alors à moi : J'y pense depuis longtemps : j'achèterais un voilier. Comme ça, l'été, on partirait en voyage tous les quatre. Plus tard, quand vous seriez grands, votre mère et moi, on ferait le tour de la Méditerranée. Vous viendriez nous rejoindre de temps en temps à Istanbul, en Grèce, aux Baléares… Ce serait super, non ? Et toi Valérie, ton rêve ?

La mère : Eh bien, je me verrais bien dans une maison sur la Côte au soleil, assez grande pour inviter les amis et ceux des enfants, n'est-ce pas Amélie ? Dans le garage, on pourrait installer la batterie de Victor, comme ça, on ne l'entendrait pas trop. Toi, Charles tu aurais ton bateau dans le port voisin. Quant à moi, je pourrais m'occuper de mon jardin et peindre ; je rêve de reprendre l'aquarelle. Vous voyez, je vous mets tous d'accord. Moi, je pense qu'on devrait commencer à chercher une maison cet été, non ?

◀€ 1. Écoutez et répondez aux questions.

1. De quoi parle cette famille ? _____

2. Indiquez le rêve de chacun et son lieu :

	Rêve	**Lieu**
Amélie		
Victor		
Le père		
La mère		

◀€ 2. Réécoutez et relevez les expressions employées pour annoncer ces rêves.

■ *MICRO-TROTTOIR* piste 22

> **Le journaliste** *(s'adressant à un groupe d'étudiants)* : Vous avez quelques secondes ?
> Nous faisons une enquête sur les envies, les besoins, les désirs pour le blog « Mes loisirs
> et vous ». Vous pouvez nous dire quelques mots sur vos envies et vos besoins, nous
> parler de vos rêves ?
> **Étudiant 1** : Moi je voudrais être plus vieux de quelques mois : j'aurais fini mon année
> avec mon diplôme de master 2 en
> poche. Et comme ça, je pourrais partir
> comme volontaire en Afrique.
> Je voudrais enseigner là-bas.
> **Étudiante 2** : Eh bien moi, j'aimerais
> avoir plus d'argent. Ce n'est pas facile
> quand on est étudiant et qu'il faut
> travailler en même temps. Il faudrait
> que l'État accorde plus de bourses
> d'études. Vous savez, il y a plein
> d'étudiants comme moi, dans la
> galère !
> **Étudiant 3** : Moi, je ne suis pas fait
> pour les études, pour travailler non
> plus d'ailleurs. Ce qu'il me faudrait, c'est un papa dans la finance, plein de thunes,
> et comme ça je pourrais me la couler douce au soleil, voilà mon rêve !
> **Le journaliste** : Et vous monsieur, quel serait votre rêve ? C'est pour le blog
> « Mes loisirs et vous ».
> **Un homme** : Mon rêve ? Arrêter de me lever à 6 heures du matin pour me retrouver
> dans un RER bondé pendant quarante minutes alors que je pourrais, une ou deux fois par
> semaine, travailler de chez moi, sur mon écran. J'ai besoin de repos, de temps pour moi.
> Je pourrais aussi m'occuper de mes enfants et travailler de chez moi, à mon rythme.
> Mon rêve, ça s'appelle le télétravail.
> **Le journaliste** : Et pour vous ? Un besoin ? Un désir ?
> **Étudiante 4** : Désolée, je n'ai pas le temps.

◀⟨ 1. Écoutez et répondez aux questions.

1. Pour quel média le journaliste pose-t-il des questions ? _____
2. Quel est le sujet de ses interviews ? _____
3. Combien de personnes sont interrogées ? Combien acceptent de répondre ? _____
4. Notez les envies de chacun et leurs raisons.

◀⟨ 2. Réécoutez et répondez aux questions.

1. Le ton du journaliste est : ☐ formel. ☐ informel. ☐ distant. ☐ amical.
2. Le journaliste s'adresse-t-il à toutes les personnes de la même façon ? Quelles différences
   remarquez-vous ? _____
3. Par quelles expressions les personnes interrogées commencent-elles à parler de leurs envies ?
4. Quels temps et mode emploient-elles ? _____

EXPRIMER UN BESOIN

- Il faut que je trouve un travail.
- Il me faut 10 €.
- J'ai besoin de manger un morceau.
- J'ai faim / froid / soif / sommeil.
- J'ai envie d'aller aux toilettes…
- J'ai besoin d'argent / d'un toit / de vous.
- J'aimerais aller au lit, je suis fatigué (e).

- Il faudrait que vous m'aidiez. / J'aurais besoin de votre aide.
- Pourriez-vous me donner votre bras, je suis fatiguée.
- Il faudrait que nous nous asseyions / que je m'assoie.

> ### ▸ *Remarque*

- Pour parler de ses besoins on peut utiliser le présent de l'indicatif mais aussi le **conditionnel présent** dans un langage plus poli.
  - *J'ai besoin de ton aide / J'aurais besoin de votre aide.*
  - *Il me faudrait une couverture supplémentaire.*
- Pour exprimer un besoin, on peut utiliser l'expression « **il faut que** » ou « **il faudrait que** + *subjonctif présent* ».
  - *Il faut que j'aille chez le médecin.*
  - *Il faudrait qu'on prenne du pain à la boulangerie.*
  - *Il faudrait que nous passions à la pharmacie.*

On peut aussi utiliser la formule : « **j'ai besoin de** + *infinitif* » si le sujet est le même : *J'ai besoin de boire.*
Si le sujet est différent, on utilise « **j'ai besoin que** + *subjonctif présent* » : *J'ai besoin que tu fasses quelques courses.*

> ### ▸ *Rappel*

- On forme le conditionnel à partir du futur. On enlève les terminaisons du futur (*-ai,-as, -a, -ons, -ez,-ont*) et on ajoute les terminaisons de l'imparfait (*-ais,-ais, -ait,-ions, -iez, -aient*).
j'aurai → j'aurais, vous serez → vous seriez, nous aurons → nous aurions, ils iront → ils iraient

- On forme le subjonctif présent des verbes réguliers à partir du présent de l'indicatif, 3e personne du pluriel : on enlève la terminaison (*-ent*) et on ajoute les terminaisons : *-e, -es, -e, -ions, -iez, -ent.*
je vois → je voie, tu comprends → tu comprennes, nous finissons → nous finissions, vous voyez → vous voyiez, elles doivent → elles doivent

Quelques verbes irréguliers au subjonctif présent :

Avoir	Être	Aller	Faire	Venir
j'aie	je sois	j'aille	je fasse	je vienne
tu aies	tu sois	tu ailles	tu fasses	tu viennes
il/elle/on ait	il/elle on soit	il/elle/on aille	il/elle/on fasse	il/elle/on vienne
nous ayons	nous soyons	nous allions	nous fassions	nous venions
vous ayez	vous soyez	vous alliez	vous fassiez	vous veniez
ils/ elles aient	ils/elles soient	ils/elles aillent	ils/elles fassent	ils/elles viennent

Quelques autres verbes irréguliers courants :
- **Prendre :** je prenne, nous prenions, ils prennent.
- **Savoir :** je sache, nous sachions, ils sachent.
- **Pouvoir :** je puisse, nous puissions, ils puissent.
- **Vouloir :** je veuille, nous voulions, ils veuillent.

EXPRIMER UNE ENVIE OU UN RÊVE

- J'aimerais trop partir à la campagne.
- J'ai envie d'une glace / de m'acheter un vélo.
- J'aurais trop envie d'avoir cette robe !
- Avoir une grande famille, ça me fait envie.
- Tu me fais envie avec ta glace !
- Je rêve de partir en voyage.
- Mon rêve, c'est d'avoir un grand appartement.
- J'adorerais travailler à l'étranger.

- Je rêverais de partir aux Antilles.
- Nous souhaiterions vous voir plus souvent.
- Vous me donnez envie d'avoir un jardin.
- J'aimerais tellement faire de la voile !
- Mon rêve, ce serait une petite maison au bord de la mer.
- J'aspire à une vie paisible.
- Si c'était possible, j'aimerais / je voudrais visiter toutes les expositions, les musées.

> ▶ **Remarque**
>
> - Pour exprimer une envie, un rêve, on peut utiliser l'expression « **je voudrais / j'aimerais / j'adorerais** + *infinitif* » si le sujet est le même.
>   - *J'aimerais sortir davantage.*
>   - *Nous voudrions acheter un appartement.*
>   - *J'adorerais retourner au Mexique.*
>   - *Il souhaiterait faire un stage dans votre entreprise.*
> - On peut également utiliser l'expression « ***je rêverais de / mon rêve serait de*** + **infinitif** » si le sujet est le même
>   - *Je rêverais d'habiter à Paris.*
>
> Si le sujet est différent on utilise « ***j'aimerais / j'adorerais / je voudrais/ je rêverais / mon rêve serait que*** + **subjonctif présent** ».
>   - *Nous aimerions que vous veniez nous voir plus souvent.*
>   - *Je voudrais que les enfants fassent de bonnes études.*
>   - *J'adorerais qu'on parte ensemble en vacances.*
>   - *Je rêverais qu'il fasse toujours beau.*
>   - *Mon rêve serait qu'il n'y ait plus de guerre.*

1. **a. Lisez ces phrases et indiquez si elles expriment le besoin ou l'envie.**

	Besoin	Envie
1. *J'aimerais tellement partir à la montagne.*	☐	☑
2. Il faut que tu m'aides.	☐	☐
3. Tu me donnes envie d'aller à la campagne.	☐	☐
4. J'ai trop envie d'un gâteau.	☐	☐
5. Tu peux me prêter 10 € ?	☐	☐
6. Pourriez-vous porter ma valise, s'il vous plaît ?	☐	☐
7. Elle souhaite que vous passiez chez elle.	☐	☐
8. Il faut que je passe à la salle de bains.	☐	☐
9. Mon rêve ce serait une voiture décapotable.	☐	☐

	Besoin	Envie
10. J'adorerais avoir ces chaussures.	☐	☐
11. Je tombe de sommeil, je dois aller au lit.	☐	☐
12. Mon rêve : dormir…	☐	☐

b. Relisez les phrases précédentes et indiquez si le ton est formel ou informel.

• Registre informel, standard : _____

• Registre formel, soutenu : **1,** _____

2. **Écrivez des phrases exprimant le besoin à l'aide des éléments donnés :**

✐ *Exemples : Tu viens m'aider / J'en ai besoin →* **J'ai besoin que tu viennes m'aider.**

Elle va à la banque / Il le faut → **Il faut qu'elle aille à la banque.**

1. Vous prenez la voiture. / Il le faut. _____

2. Elle met un manteau. / Il le faudrait. _____

3. Je m'assois. / J'en ai besoin. _____

4. Tu nous prêtes un peu d'argent. / Nous en avons besoin. _____

5. Je bois. / Il le faudrait. _____

6. Tu me donnes un euro. / Il le faut. _____

3. **Écrivez des phrases exprimant l'envie et les rêves à l'aide des éléments donnés :**

✐ *Exemples : Je vais à l'Opéra / Ce serait mon rêve →* **Ce serait mon rêve d'aller à l'Opéra.**

On loue un voilier cet été/ j'en ai envie → **J'ai envie qu'on loue un voilier cet été.**

1. Elle prend ces chocolats / Nous le souhaiterions : _____

2. Je goûte ce dessert / Vous m'en donnez envie : _____

3. Nous allons au soleil / Je le souhaite : _____

4. On fait un pique-nique dimanche / J'aimerais trop ça : _____

5. Vous voyez le dernier film de Téchiné / Je le voudrais : _____

6. Je pars à la campagne ce week-end / J'adorerais ça : _____

4. **Exprimez des besoins, des envies ou des rêves face aux situations suivantes.**

✐ *Exemple : Vous êtes au restaurant avec des amis et vous ne vous sentez pas bien. Que dites-vous ?*

« Excusez-moi, il faut que j'aille aux toilettes. » / « J'ai besoin de sortir prendre l'air. » / « Il faut que je rentre chez moi, je ne me sens pas bien. »

1. Vous êtes avec une amie devant la vitrine d'un magasin et vous indiquez une veste qui vous fait très envie. Que dites-vous à votre amie ? _____

2. Vous êtes dans le métro et vous descendez à la prochaine station, mais il y a beaucoup de monde. Que dites-vous à vos voisins ? _____

3. Vous avez oublié votre portefeuille et vous n'avez ni argent ni ticket. Vous devez prendre le métro et vous êtes pressé(e). Que demandez-vous à un voyageur ? _____

4. Une femme fait la manche dans la rue. Que vous dit-elle ? _____

5. Vous êtes adolescent et vos amis organisent une fête samedi. Vous aimeriez y aller. Que dites-vous à vos parents ? _____

6. Vous n'avez pas de tire-bouchon chez vous et un ami vient de vous apporter une bouteille de vin. Vous allez voir votre voisine, que vous connaissez peu. Que lui dites-vous ? _____

EXPRIMER UN SOUHAIT, UN ESPOIR, DES PROJETS

■ *ENTRETIEN D'EMBAUCHE* piste 23

(Dans une association humanitaire, le directeur de l'association et un candidat.)

M. Marcigny : Julien Lefort ? Bonjour, Pierre Marcigny. Je vous attendais, prenez un siège.

Julien : Bonjour monsieur, merci.

M. Marcigny : Donc vous voudriez rejoindre notre association, parfait. Vous candidatez pour le poste d'assistant social. J'ai lu votre dossier de candidature et je souhaite que vous me parliez de vos attentes.

Julien : Mon projet, c'est de m'engager dans un travail solidaire. Je veux participer à une vie meilleure pour tous, particulièrement pour les réfugiés. J'ai fait le diplôme d'État de service social avec cet objectif. Maintenant, je voudrais améliorer le bien-être des personnes en attente d'asile. Mon but, c'est de travailler pour leur donner plus d'autonomie dans leur nouvelle vie.

M. Marcigny : Bien. Concrètement, ici, nous travaillons sur plusieurs pôles : l'accueil, la santé, le droit, l'hébergement, l'éducation. Nous recherchons un assistant social pour assurer le suivi des personnes dans leur hébergement. Votre mission serait de visiter nos résidents régulièrement, donc un contact quasi permanent, de veiller à ce que leurs logements correspondent à leurs besoins. Il faudrait aussi surveiller qu'ils respectent les normes de sécurité, d'hygiène, mais aussi le règlement de notre association.

Julien : Ce projet m'intéresse vraiment. C'est exactement ce que je veux faire.

M. Marcigny : Bien. Vous me semblez motivé, vous avez les compétences que nous recherchons, mais vous manquez d'expérience. Je vous propose de nous revoir prochainement avec mon adjoint. Nous vous enverrons un mail. J'ai vos coordonnées.

Julien : Merci monsieur. J'espère vous revoir bientôt.

(Une heure plus tard, dans un café avec une copine)

Anna : Alors ton entretien, ça s'est passé comment ?

Julien : Trop cool. Le taf est super, exactement ce que je cherche. Le directeur était intéressé, on a eu un bon contact ; j'espère qu'il va me prendre. On doit se revoir la semaine prochaine.

Anna : Génial. On va croiser les doigts…

🔊 1. Écoutez et cochez la bonne réponse.

	Vrai	Faux
1. Pierre Marcigny est directeur d'une association pour des exilés.	☐	☐
2. Il reçoit Julien pour faire un stage.	☐	☐
3. L'association s'occupe seulement du logement des réfugiés.	☐	☐
4. Le directeur doit le recontacter pour un deuxième rendez-vous.	☐	☐
5. Julien retrouve son amie après l'entretien.	☐	☐
6. Il ne pense pas obtenir le poste.	☐	☐

🔊 2. Réécoutez et répondez aux questions.

1. Le ton de l'entretien est plutôt :   ☐ amical.   ☐ standard.   ☐ formel.

2. Julien parle-t-il de la même façon au directeur et à son amie ? _____

3. Relevez les expressions qui annoncent un espoir, une intention.

■ *LE FUTUR APPARTEMENT* piste 24

Louise : On ne peut plus vivre dans ce studio. On manque de place. On ne peut rien ranger. Regarde cette pagaille partout !

Alex : Oui, Louise, je sais. Tu me le dis tous les jours. Il faut qu'on trouve un appart plus grand. Laisse-moi regarder les annonces sur Internet. (…) Tiens, il y a un petit deux-pièces à louer à côté de la place Stanislas. Ce serait cool, non ?

Louise : Alex, tu sais bien qu'il nous faut un trois-pièces. J'adorerais avoir une chambre en plus pour les copains.

Alex : Hum, alors ce sera cher. Je regarde…

Louise : Et puis je rêverais d'avoir un balcon, même pas très grand, pour prendre le café dehors.

Alex : Là je crois que tu rêves, oui… Ce sera hors de prix. Tiens, regarde : « deux pièces, grand séjour, lumineux, près de la mairie, travaux à prévoir, offre intéressante ». Ça vaudrait la peine d'aller voir, non ? Les amis pourraient dormir dans un canapé dans le salon.

Louise : Et quand mes parents viendront, on les fera dormir dans le salon ?

Alex : On pourrait leur laisser notre chambre… ou bien ils iront à l'hôtel.

Louise : Et notre projet d'avoir un bébé ? Tu le feras aussi dormir à l'hôtel ?

Alex : Louise, non mais tu planes… On se connaît seulement depuis six mois ! Le bébé, ce n'est pas pour demain. Et puis ton appart idéal, tu n'as qu'à le chercher toi-même. Moi je vais faire un tour. À plus !

Louise : Et tu crois peut-être que je vais tout ranger pendant que Monsieur sort ? Eh bien moi, je vais me faire un ciné. Tchao !

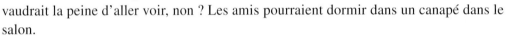

■ 1. Écoutez et répondez aux questions.

1. Où habitent actuellement Louise et Alex ? _____

2. Quel type d'appartement Louise voudrait-elle ? _____
   - ☐ Un deux-pièces. ☐ Un trois-pièces.
   - ☐ Avec un balcon. ☐ Avec une terrasse.

3. Pourquoi veut-elle une chambre supplémentaire ?

4. Quelle est la réponse d'Alex ? _____

5. Le deuxième appartement qu'il propose convient-il à Louise ? Pourquoi ? _____

6. De quoi rêve Louise ? _____

7. Finissent-ils la soirée ensemble ? _____

■ 2. Réécoutez et indiquez le ton de l'échange :
☐ Familier. ☐ amical. ☐ formel. ☐ informel.

3. Relevez les expressions employées pour exprimer un rêve, un projet.

POUR EXPRIMER UN SOUHAIT, UN ESPOIR

 • Je te souhaite un bon anniversaire / une bonne année.

• J'espère que tout ira bien.

• Ce voyage, j'en rêve !

• Je voudrais être en vacances

• On adorerait avoir une moto

• Pourvu que ça marche !

• Je croise les doigts pour que tu aies le job.

 • Je vous souhaite beaucoup de bonheur.

• Je vous présente tous mes vœux / mes meilleurs vœux. *(À l'écrit.)*

• Je souhaite que votre état de santé s'améliore.

• C'est mon seul espoir.

• C'est mon vœu le plus cher.

• Nous aimerions beaucoup acheter cette maison.

▸ *Quelques expressions*

   – Tant qu'il y a de la vie, il y a de l'espoir.

   – L'espoir fait vivre.

   – Tous les espoirs sont permis.

• « Croiser les doigts pour que *(+ subjonctif présent)* » : signe superstitieux pour porter chance

   – Je croise les doigts pour que tu réussisses.

• « *Pourvu que (+ subjonctif)* » : *pour faire un souhait*

   – Pourvu qu'il vienne !

▸ *Attention*

• Le verbe « souhaiter » peut être suivi d'un **nom** :

   – Je vous souhaite la bienvenue

   – Je vous souhaite une bonne santé

• Avec les verbes « espérer » et « souhaiter » si le sujet est le même, on utilise l'**infinitif** :

   – J'espère sortir de bonne heure ce soir

   – Je souhaite venir vous voir l'été prochain.

• Avec le verbe « espérer », on emploie l'indicatif. Le verbe « souhaiter » est suivi du **subjonctif présent**.

   – J'espère que tu viendras dimanche.

   – Je souhaite que tu viennes dimanche.

EXPRIMER UN PROJET

 • Ton projet / ton intention, c'est quoi ?

• Je veux à tout prix retourner à la fac.

• On va avoir un enfant l'an prochain.

• J'organise mon déménagement.

• Je pense faire des études de biologie.

• J'ai l'intention de changer de travail. / Mon objectif / mon intention, c'est de gagner plus.

• Ma priorité, c'est (d'avoir) le permis de conduire.

• Elle est candidate pour ce poste.

 • Quelles sont vos intentions / ambitions ? / Quels sont vos projets ?

• Nous souhaiterions profiter de nos enfants.

• J'aspire à la tranquillité.

- Nous planifions notre départ en retraite.
- Je programme nos prochaines vacances.
- Elle envisage d'acheter une nouvelle voiture.
- Nous prévoyons nos vacances d'été. / Nous projetons (de faire) des petits week-ends sympas.
- Je pose / je présente ma candidature / Je candidate pour être assistante de direction.
- J'ai pour projet de m'installer en province.
- J'ai pour ambition / J'ambitionne de prendre la direction du service.

EXPRIMER UN RÊVE

- Je rêve de partir en voyage.
- J'aimerais / Je voudrais (tellement) avoir un jardin.
- Mon rêve, c'est de sauter en parachute.
- On voudrait acheter un grand appartement.
- Elle ferait n'importe quoi pour paraître plus jeune.

- Notre rêve serait de partir vivre en Guadeloupe.
- Mon rêve le plus fou/ le plus cher serait de m'installer en Bretagne.
- Je rêverais d'apprendre l'italien.
- Je donnerais tout pour avoir un enfant
- Si je m'écoutais, je m'achèterais cette toile.

1.   **a. Lisez ces phrases et indiquez si elles expriment un espoir, un projet ou un rêve.**

	Espoir	Projet	Rêve
1. *Nous allons faire construire une maison en bois.*	☐	✔	☐
2. J'aimerais tellement visiter Bordeaux.	☐	☐	☐
3. Tu vas aller mieux, je l'espère de tout mon cœur !	☐	☐	☐
4. On croise les doigts pour qu'il obtienne le poste.	☐	☐	☐
5. On va s'inscrire à un cours de yoga.	☐	☐	☐
6. Il envisage de s'installer en province.	☐	☐	☐
7. Je souhaite vraiment que tu réussisses ton examen.	☐	☐	☐
8. J'ai l'intention de passer le permis de conduire.	☐	☐	☐
9. Ma fille pense continuer ses études à Aix.	☐	☐	☐
10. Je ferais n'importe quoi pour partir une semaine au soleil.	☐	☐	☐
11. Tu vas avoir le job, j'en suis sûr !	☐	☐	☐
12. Pourvu qu'il ait son bac !	☐	☐	☐

b. Relisez les phrases précédentes et indiquez si le ton est formel ou informel.
- Registre standard : **1,** _____
- Registre soutenu : _____

2.   **Exprimer l'espoir – Complétez les phrases suivantes avec les verbes *espérer* ou *souhaiter* conjugués.**
   ✐ *Exemple : Nous **espérons** que vous viendrez bientôt nous voir.*
   1. Aline _____ que son fils fasse de longues études. Elle _____ qu'il
   aura une bonne situation.
   2. Mon frère _____ qu'on aille à la campagne ce week-end. Je/J' _____ que
   le temps sera meilleur.

3. On a eu des nouvelles de Myriam. Elle des problèmes de santé et on _____ que son traitement soit efficace.

4. Victor passe son bac cette année. Je/j' _____ qu'il l'ait avec mention et qu'il puisse entrer en fac de droit.

5. Nous organisons une petite fête samedi soir. Pierre _____ que ce soit dans le jardin. Je/j' _____ qu'il fera bon.

3. **Exprimer un projet – Reliez les éléments qui peuvent aller ensemble (plusieurs possibilités).**

1. *On envisage*   a. c'est de trouver un emploi en CDI.

2. J'ai l'intention   b. *de monter une petite entreprise.*

3. La priorité d'Anouk   c. vous installer à Buenos Aires ?

4. Nous prévoyons   d. au poste d'assistant d'édition ?

5. Tu candidates   e. un voyage au Portugal cet été.

6. Elle a pour ambition   f. de devenir archéologue.

7. Leur objectif   g. c'est d'avoir une retraite confortable.

8. Vous allez   h. de travailler à mi-temps.

4. **Exprimer des rêves – Faites des phrases à partir des éléments donnés.**

   🖉 *Exemples : Je pars en vacances en Australie. /J'en rêve.* → **Je rêve de partir en vacances Australie.**
   Émilie réussit dans la chanson. / Paul aimerait tellement ça. → **Paul aimerait tellement qu'Émilie réussisse dans la chanson.**

1. Benjamin fait des études de médecine. / Elle en rêve. _____

2. Valérie trouve un appartement plus clair. / Valérie le souhaite. _____

3. Je prends une voiture plus confortable. / Mon ami en rêve. _____

4. Léo vient me voir au Québec. / Je le voudrais. _____

5. Mes amis achètent un bateau. / Ils donneraient tout pour ça. _____

6 Ma copine apprend l'italien. / Elle le souhaite tellement. _____

5. **Écrivez un court mail correspondant aux situations suivantes.**

   🖉 *Exemple : Une collègue a une forte grippe*
   « Marie,
   Soigne-toi bien. J'espère que tu vas très vite aller mieux et qu'on se verra au travail la semaine prochaine.
   Je t'embrasse,
   Laure »

1. Votre fils est inquiet pour son examen. Vous l'encouragez.

2. Votre jeune frère part travailler en Belgique mais il est inquiet. Vous le rassurez.

3. Votre meilleur ami vient d'apprendre qu'il a une maladie grave. Vous lui redonnez espoir.

4. Vos jeunes voisins se marient. Vous les félicitez.

5. Votre femme de ménage s'est fait une entorse. Vous lui envoyez des vœux de rétablissement.

6. C'est le 1er janvier. Vous envoyez des vœux à une ancienne collègue.

7. Vous souhaitez l'anniversaire à un ami que vous n'avez pas vu depuis longtemps.

EXPRIMER DES DIFFICULTÉS, DES CRAINTES

■ *LE GRAND DÉPART* piste 25

Théo : Salut tout le monde ! Ça y est, je suis pris. Je pars fin août comme volontaire international en Inde. Neuf mois, ça va être long sans vous voir.

Amélie : Trop cool. T'inquiète, on viendra te voir. Moi, en tout cas. Tu sais où tu vas ?

Théo : Oui, à Calcutta. Je vais travailler dans une ONG qui s'occupe des enfants des rues.

Marguerite : Tu n'as pas peur de la misère, des maladies ? Il paraît que c'est une ville horriblement pauvre.

Théo : Tu sais, si je décide de partir travailler avec des enfants des rues, je ne m'attends pas au luxe !

Marguerite : Oui mais quand même ; moi, j'aurais trop peur des maladies. On dit qu'il y a encore des lépreux.

Louis : Marguerite tu exagères. Même à Calcutta, on n'est plus au Moyen Âge.

Amélie : Il faut que tu te fasses vacciner avant de partir et puis tu feras attention, là-bas. Interdiction de boire l'eau du robinet. Au Maroc l'été dernier, c'était pareil.

Jules : Franchement, moi, je trouve que tu as de la chance ! C'est sûrement une ville énorme mais passionnante.

Théo : C'est clair mais quand même ça m'affole un peu : le monde, la saleté, la pollution…

Louis : Je suis sûr que tu vas t'adapter. Tu seras notre Mère Térésa… Et puis franchement, c'est plus cool que de te retrouver dans un coin perdu sans intérêt

Marguerite : Mais au fait Théo, tu n'es pas asthmatique ? Quand je fume tu me dis toujours que ça te gêne. Comment tu vas faire si la ville est très polluée ?

Louis : Théo te disait ça juste pour que tu arrêtes de fumer. C'était pour ta santé.

◀⅛ 1. Écoutez et répondez aux questions.

1. Où va partir Théo ? _____

2. Pour quelle durée ? _____

3. Pour quoi faire ? _____

◀⅛ 2. Réécoutez et répondez aux questions suivantes.

1. Théo est : content. ☐ inquiet. ☐ content mais inquiet.

2. Ses amis sont : ☐ enthousiastes. ☐ inquiets. ☐ contents pour lui mais inquiets.

3. Notez les qualités et défauts attribués à la ville.

4. Une des filles a peur. Qu'est-ce qui l'effraie ? _____

5. Quels conseils donne l'autre fille à Théo ? _____

6 Que redoute le plus Théo ? _____

7. Que dit Louis pour le rassurer ? _____

8. Pourquoi Théo prétendait-il être asthmatique ? _____

9. Quel est le ton de l'échange : amical. ☐ formel. ☐ informel.

3. Relevez les expressions employées pour exprimer la peur ; la difficulté ; l'encouragement.

■ VOS REGRETS, *ÉMISSION RADIO* piste 26

Audrey : Chers auditeurs bonjour. Aujourd'hui, nous sommes à Limoges et nous avons plusieurs invités sur notre plateau pour évoquer en direct avec vous leurs regrets. N'hésitez pas à apporter vos témoignages en appelant notre standard au 01 34 23 25 81.

Bonjour à vous aussi, chers invités. Je vous remercie d'être venus. Nous allons d'abord écouter Nathalie. Nathalie, l'antenne est à vous. Vous avez aujourd'hui 55 ans ; célibataire, vous êtes pharmacienne à Limoges et vous avez accepté de venir nous parler de vos regrets.

Nathalie : Merci beaucoup. Voilà j'ai fait des études longues et j'ai repris assez vite une grande pharmacie dans le centre-ville. Je me suis tellement investie dans mon travail que j'ai oublié de vivre, de fonder une famille. Aujourd'hui, je regrette de ne pas avoir d'enfant et je veux mettre en garde toutes les jeunes femmes qui ne voient pas le temps passer. C'est très difficile de vivre sans jeunesse autour de soi et je ne le souhaite à personne.

Audrey : Merci Nathalie. Nous répondrons à Nathalie un peu plus tard ; maintenant nous allons donner l'antenne à Julien. Julien, vous avez 32 ans, vous êtes comptable à Brive et vous souhaitez nous exposer vos regrets.

Julien : Merci Audrey. A priori, j'ai tout pour être heureux : j'ai un petit garçon, ma femme est géniale, je gagne correctement ma vie, mais je suis un artiste contrarié. Quand j'étais ado, il n'y avait que le dessin qui m'intéressait. Je voulais être dessinateur de BD. J'aurais voulu faire une école d'art mais mes parents n'ont pas voulu. Ils m'ont inscrit dans une école de comptabilité. Voilà, alors, si parmi les auditeurs il y a des jeunes qui ont une passion, tenez bon et ne baissez pas les bras comme je l'ai fait.

Audrey : Merci Julien. Nous allons maintenant donner l'antenne à Paul. Bonjour Paul, vous êtes instituteur à Vierzon. Vous avez 41 ans, marié, père de famille. On vous écoute.

Paul : Audrey, vous me présentez comme un père tranquille et vous avez raison, ma vie est d'une telle tranquillité, je dirais même d'un tel ennui… C'est terrible. Moi qui aimais aller au théâtre, visiter des expos, je me retrouve dans une ville certes agréable mais trop loin d'une grande ville qui bouge. J'aurais voulu continuer à mener la vie que j'avais à Toulouse. Si j'avais su, je n'aurais jamais accepté ce poste. Alors maintenant…

◀ **1. Écoutez et répondez aux questions.**

1. Quel est le thème de l'émission ? _____

2. Quel numéro doivent appeler les auditeurs s'ils veulent intervenir ? _____

◀ **2. Réécoutez le dialogue et répondez aux questions suivantes.**

1. Quels sont les regrets de Nathalie ? de Julien ? de Paul ?

2. Quelles expressions sont employées pour exprimer les regrets ?

3. Le ton de l'échange est : amical. ☐ formel. ☐ informel. ☐ distant.

◀ **3. Notez les informations concernant Nathalie, Julien et Paul : profession, âge, situation familiale.**

POUR EXPRIMER UNE DIFFICULTÉ

 • (Ce n'est) pas facile. / C'est difficile. / J'ai du mal à le faire, c'est trop dur.

• C'est la galère. / Je suis dans la galère. / Je n'y arrive pas. / Je ne m'en sors pas.

• C'est trop difficile, je n'y arriverai jamais.

• Il a de la peine / du mal à s'en sortir.

 • C'est extrêmement difficile / compliqué pour lui de comprendre un film en français.

• Cette situation est très difficile / complexe / pénible.

• Il prend beaucoup de peine pour réussir.

• Il rencontre beaucoup de difficultés à s'exprimer en français.

POUR EXPRIMER UNE CRAINTE

 • J'ai peur d'avoir froid / d'être malade. / J'ai peur pour mes enfants. / J'ai peur que tu arrives trop tard.

• La foule, ça me fait peur.

• J'ai une peur bleue des armes. / Ça me fait froid dans le dos. / J'en ai la chair de poule.

• J'ai une peur panique que tu aies un accident.

 • Je crains de ne pas être à l'heure. / Je crains que vous (ne) soyez en retard.

• Je suis effrayé par la violence. / La foule ça m'effraie.

• Je redoute la glace sur la route.

• La peur me gagne. / Je suis horrifié par ce qui se passe.

• Je suis pris de panique dans l'obscurité.

> ▶ *Remarque*
> • Pour exprimer la crainte on peut utiliser « avoir peur de », « craindre » ou « redouter » suivis d'un **nom** :
> – *J'ai peur de la guerre.*
> – *Je crains une montée de la violence.*
> – *Je redoute sa prise de position.*
> • On peut utiliser les mêmes expressions suivies de l'**infinitif** si le sujet est le même dans les deux parties de la phrase :
> – *J'ai peur de m'endormir.*
> – *Je crains d'avoir froid.*
> • Quand le sujet des deux verbes est différent, il faut utiliser le **subjonctif présent** :
> – *J'ai peur que tu sois malade.*
> – *Nous craignons que vous arriviez trop tard.*
> – *Vous redoutez qu'elle fasse une erreur.*

POUR EXPRIMER UN REGRET

 • Tu ne seras pas là, je le regrette.

• C'est dommage que vous arriviez en retard.

• J'aurais voulu faire des études de médecine.

• Ça m'aurait plu de voyager.

• Si j'avais su, j'aurais fait autre chose.

• Malheureusement, je n'ai pas les moyens.

• Quel dommage ! / Dommage / Hélas, il ne viendra pas.

• Nous regrettons que vous ne puissiez pas venir / que vous n'ayez pas pu venir.

• Elle regrette de ne pas avoir plus profité de sa jeunesse.

• Quel dommage que tu sois souffrante ! / que vous ayez eu cet empêchement !

• Si seulement j'avais fait des études de droit, je serais peut-être avocate aujourd'hui !

• Hélas, je n'avais pas assez d'argent !

• À mon grand regret, je ne peux pas vous venir en aide.

• Son départ est tout à fait regrettable.

▶ *Remarque*

• Pour exprimer des regrets on peut utiliser le conditionnel passé :
   – *J'aurais aimé vivre à la campagne.*
   – *Il aurait mérité une vie meilleure.*
   – *On aurait dû prendre la voiture.*

• On peut développer une hypothèse passée et irréversible en employant si+ plus-que-parfait, suivi du **conditionnel présent ou passé :**
   – *Si ma fille s'était mariée, je **serais** probablement grand-père aujourd'hui (mais ma fille ne s'est pas mariée).*
   – *Si vous étiez venu, vous **auriez assisté** à un très beau spectacle (mais vous n'êtes pas venu).*

• Pour exprimer des regrets, on peut utiliser des expressions telles que « je regrette », « c'est dommage », « c'est regrettable de » suivies de l'**infinitif** si le sujet est le même :
   – *C'est dommage de déjeuner dedans, il fait si beau.*
   – *On regrette de ne pas vous avoir informés assez tôt.*

• Si le sujet est différent, on emploie le subjonctif présent ou passé.
   On emploie le **subjonctif présent** quand l'action secondaire est simultanée :
   – *Il est regrettable que tu ne puisses pas nous rejoindre (maintenant).*
   – *C'est dommage que Laure soit absente (aujourd'hui).*
   – *Je regrette que vous parliez ainsi (maintenant).*
   Quand la deuxième action est passée et donc irréversible, on emploie le **subjonctif passé** :
   – *Je trouve regrettable qu'ils aient divorcé (l'an dernier).*
   – *C'est dommage qu'elle ait raté son bac.*
   – *On regrette qu'il n'ait pas fait de grandes études.*

▶ *Rappels*

• Le **conditionnel passé** se forme avec l'auxiliaire « être » ou « avoir » au conditionnel présent + le participe passé du verbe.

• Le **subjonctif passé** se forme avec le subjonctif présent de l'auxiliaire « être » ou « avoir » suivi du participe passé.

	Conditionnel présent	**Subjonctif présent**
Auxiliaire « **être** »	je serais, tu serais, il/elle/on serait nous serions, vous seriez, ils/elles seraient	je sois, tu sois, il/elle/on soit nous soyons, vous soyez, ils/elles soient
Auxiliaire « **avoir** »	j'aurais, tu aurais, il/elle/on aurait nous aurions, vous auriez, ils/elles auraient	j'aie, tu aies, il/elle/on ait nous ayons, vous ayez, ils/elles aient

EXPRIMER DES DIFICULTÉS, DES CRAINTES

1. **a. Lisez ces phrases et indiquez si elles expriment une difficulté, une crainte ou un regret.**

	Difficulté	Crainte	Regret
1. *Elle redoute la grippe.*	☐	☑	☐
2. C'est vraiment trop dur de trouver un job !	☐	☐	☐
3. J'aurais tellement aimé faire un voyage aux Maldives !	☐	☐	☐
4. Cécile a eu une peur bleue.	☐	☐	☐
5. Il a de la peine à s'en sortir.	☐	☐	☐
6. On aurait dû l'avertir plus tôt	☐	☐	☐
7. Je ne trouve aucune issue raisonnable.	☐	☐	☐
8. Hélas, il n'a pas les moyens d'acheter un appartement.	☐	☐	☐
9. Si elle avait su, elle aurait accepté sa proposition.	☐	☐	☐
10. Je suis très effrayée par ses menaces.	☐	☐	☐

b. Relisez les phrases précédentes et indiquez si le ton est formel ou informel.
• Registre informel, courant : _____
• Registre formel, soutenu : **1,** _____

2. **Exprimer la difficulté – Remettez les phrases dans l'ordre**

✐ *Exemple : trop / j'ai / traduire / de / texte / mal / à →* ***J'ai trop de mal à traduire ce texte.***

1. galère / dans / Paul / est / la : _____
2. situation / complexe / est / sa / excessivement : _____
3. mon / panique / j'ai / une / de / perdre / peur / travail : _____
4. arriverai / trop / je / n'y / c'est / dur / jamais : _____
5. peine / elle / s'en / a / sortir / de la / à : _____

3. **Exprimer les craintes – Transformez les phrases dans un langage plus courant.**

✐ *Exemple : Ses propos m'effraient. →* ***Ce qu'il dit me fait peur.***

1. Elle est prise de panique dans les manifestations. _____
2. Je crains qu'ils décident un mouvement de grève. _____
3. Elle a eu excessivement peur. _____
4. On craint d'avoir quelques minutes de retard. _____
5. Tu rencontres de grandes difficultés à t'exprimer en public. _____
6. Je crains que vous ne preniez froid, rentrons. _____

4. **Exprimer des regrets – Faites des phrases à partir des éléments donnés**

✐ *Exemple : Mon fils est parti faire du ski. / Il s'est cassé la jambe. (je regrette) →* ***Je regrette que mon fils soit parti au ski ; il ne se serait pas cassé la jambe***

1. Je n'ai pas fait d'études d'architecture. / Je m'ennuie dans mon travail (c'est dommage)

_____

2. J'ai acheté une voiture d'occasion. / Elle est souvent chez le garagiste. (je regrette)

_____

3. Elle a choisi de travailler tout l'été. / On n'a pas passé de bonnes vacances ensemble. (quel dommage)

_____

4. Vous n'êtes pas libre vendredi. / Je voulais vous inviter à l'Opéra. (C'est regrettable)

EXPRIMER SES SENTIMENTS

■ *ENTRE HOMMES* piste **27**

Le père : Impossible de se garer dans ce fichu quartier, je n'en peux plus ! Ça fait vingt-cinq minutes que je tourne autour du pâté de maisons. C'est l'enfer ! Bonjour quand même.

Le fils : Salut, P'pa. Allez calme-toi, tu n'as qu'à faire comme moi : le métro, il n'y a pas mieux. Bon qu'est-ce que tu prends ?

Le père : Comme toi.

Le fils : Alors… *(Au garçon)* Deux bières pression s'il vous plaît. Bon eh bien, dis donc, P'pa, tu n'as pas l'air d'avoir la grosse forme ! Tu as des problèmes ?

Le père : Ça se passe mal au boulot. Le nouveau directeur vient d'arriver. Il veut tout chambouler. En plus, il me refuse les congés en août. Il veut que je les prenne en

juillet. Ça me met hors de moi ! Avec ta mère, on a déjà tout organisé. Elle va être folle de rage. Et toi, ça va ?

Le fils : Oui, mon stage se passe super bien. Le boss est génial et ce que je fais, c'est hyper intéressant. Tu sais, on organise le marathon et d'autres événements du même genre. Je m'éclate. C'est génial ! Et puis les collègues sont trop sympas. Je ne pouvais pas rêver mieux.

Le père : Au moins il y en a un qui est heureux dans la famille. C'est déjà ça.

Le fils : Je ne sais pas, tu devrais être content, on ne se voit pas si souvent ! Depuis que tu es arrivé, tu râles. Ça va s'arranger tes ennuis.

Le père : Je suis désolé, Max, tu as raison mais tu comprends, je suis très inquiet. Il me reste une dizaine d'années à travailler et j'en ai assez. *(Au garçon)* Merci ! Allez, on trinque à ton stage. Tchin !

Le fils : Tchin, à nous !

◀៖ 1. Écoutez et répondez aux questions.

1. Quelle relation y a-t-il entre les deux hommes ? _____

2. Pourquoi le premier homme arrive-t-il en colère ? _____

3. Pourquoi est-il contrarié au travail ? (deux raisons) _____

4. Pourquoi est-il inquiet ? _____

5. Le deuxième homme est enthousiaste. Pourquoi ? _____

◀៖ 2. Réécoutez et indiquez le ton de la conversation.

Proche. ☐ Informel.   ☐ Distant.   ☐ Formel.

3. Quelles expressions sont employées par le plus âgé pour exprimer sa colère ? par le plus jeune pour exprimer son enthousiasme ?

■ *COUP DE FOUDRE* piste 28

(Dans le bus.)

Aurélie : On s'assoit ? Toi Augustin, tu m'as l'air au top. Dis-moi tout.

Augustin : Ça se voit tant que ça ? Alors je te raconte. Un scoop ! Samedi soir, je suis allé à une fête et là, j'ai rencontré une fille géniale : jolie, drôle, gentille et pas bête.

Aurélie : Trop cool, et alors ?

Augustin : Ben on a dansé, on a bu des verres, on a discuté ; on s'est trouvé plein de points communs. On n'a pas vu le temps passer ! À la fin de la soirée, on s'est promenés jusqu'au matin et je l'ai raccompagnée chez elle. Je n'ai pas pu fermer l'œil, mais on s'est revu dimanche soir et depuis on ne se quitte plus. Je crois que je suis raide amoureux.

Aurélie : Le coup de foudre, quoi ! Génial. Et là tu vas la retrouver ?

Augustin : Bien sûr. On a rendez-vous en bas de chez elle.

Aurélie : Cool. Et elle fait quoi ?

Augustin : Elle est peintre, elle fait aussi de la figuration dans des séries. Je te la présenterai bientôt, on ira prendre un verre ensemble. Tu verras, elle est géniale. Elle va te plaire. Et toi, Aurélie, ça roule ?

Aurélie : Rien d'excitant, la routine. Je travaille sur ma thèse, mais ça n'avance pas. Alors j'angoisse ; je reste dans ma chambre, devant ma table, sans voir personne. Vie morose de jeune fille rangée. Je t'envie, j'aimerais bien rencontrer un mec bien.

Annonce : « Prochain arrêt, Parmentier. »

Augustin : T'inquiète, ça va t'arriver, c'est clair. Mais dis, tu descends là, non ? La bise.

Aurélie : Tchao Augustin. Bonne soirée… Au fait, elle s'appelle comment ta belle ?

Augustin : Aurélie, comme toi !

◀ 1. Écoutez et cochez la bonne réponse.

	Vrai	Faux
1. Aurélie et Augustin sont proches.	☐	☐
2. Ils ne sont pas de la même génération.	☐	☐
3. Augustin a rencontré une fille dans une soirée.	☐	☐
4. Ils ont beaucoup de points communs.	☐	☐
5. Ils sont rentrés tous les deux chez lui.	☐	☐
6. Ils ne se voient pas souvent.	☐	☐
7. La fille est chanteuse et travaille dans un théâtre.	☐	☐
8. Aurélie a une vie exaltante.	☐	☐
9. Elle est étudiante.	☐	☐
10. Elle ne sort presque jamais.	☐	☐
11. Sa vie lui plaît.	☐	☐
12. Elle voudrait avoir un amoureux.	☐	☐

◀ 2. Réécoutez et relevez les expressions qui indiquent les sentiments d'Augustin, puis ceux d'Aurélie.

POUR EXPRIMER LA SATISFACTION, LA JOIE, LE BONHEUR

 • Je suis hyper / super / trop content de te voir !
- Ça me plaît beaucoup d'être ici.
- On est si bien / si heureux !
- Quel bonheur ! / Qu'est-ce qu'on est bien !

 • Quelle joie de vous revoir ! / Quel bonheur de nous retrouver !
- Je suis tellement contente que tu sois là ! / Comme je suis heureux de déménager !
- C'est un tel plaisir/une telle joie !
- Ça nous fait très plaisir de vous accompagner.
- Je me fais une joie de les accueillir.

POUR EXPRIMER L'ENTHOUSIASME

 • C'est super / c'est top ! / Ça m'éclate !
- C'est génial, c'est trop bien / trop cool !
- J'adore ! /J'adore cet endroit !
- Tu as trop de (la) chance !

 • Quelle chance vous avez ! / Comme vous avez de la chance !
- C'est extraordinaire de nous retrouver !
- C'est formidable que vous soyez libre aujourd'hui !
- Je suis aux anges ! / C'est le plus beau jour de ma vie !
- C'est magnifique / fantastique

POUR EXPRIMER L'AMOUR

 • Je t'aime de tout mon cœur. / Je t'adore.
- Un vrai coup de foudre.
- Je suis raide amoureux. / Je suis fou de toi.
- Mon amour / mon chéri / mon cœur / ma douce *(pour une femme)* / mon ange
- C'est l'amour fou. / Je suis raide dingue de cette fille.

 • Je t'aime plus que tout.
- On est fait l'un pour l'autre.
- J'ai trouvé l'âme sœur. / C'est l'amour de ma vie.
- Nous sommes amoureux. / On est fou amoureux.

> ▸ **Remarque**
> Les mots doux se traduisent parfois par des noms d'animaux comme « ma biche », « mon lapin »,
> « ma puce » ...

POUR EXPRIMER LA COLÈRE, L'EXASPÉRATION

 • Je suis fou / folle de rage. / Il est fou furieux.
- Il est rouge de colère. / Il s'est mis dans une colère noire.
- Il a piqué une de ces crises / colères !
- Ça me met hors de moi / Ça la met hors d'elle
- Trop, c'est trop ! je n'en peux plus. / J'en ai assez ! /J'en ai marre !

- J'enrage d'avoir perdu mes clés.
- Je suis révolté / outré par cette attitude ! / Je suis outré par ce comportement !
- Il est furieux qu'elle soit partie. / Je suis très en colère que tu me répondes ainsi.
- Je suis excédé ! / Je suis à bout !
- C'est intolérable !

> ▸ *Expressions*
> *C'est la goutte qui fait déborder le vase !*

POUR EXPRIMER L'ENNUI, L'INDIFFÉRENCE

- Ça m'ennuie. / Ça m'est égal.
- Je m'en fiche. / Je m'en moque. / Je vous laisse décider.
- Ça ne me fait ni chaud ni froid

- Je ne m'intéresse à rien. / Je n'ai aucune envie / Je n'ai envie de rien
- Je vous laisse décider. / Faites comme vous voulez
- Ça ne m'intéresse pas. / Ça m'indiffère. / Ça ne me concerne pas
- Rien ne m'intéresse.
- Je ne me sens pas concerné.

POUR EXPRIMER L'INQUIÉTUDE

- Ça m'inquiète. / Ça m'angoisse.
- Je ne sais pas quoi faire. / Je ne trouve pas de solution.
- Ça me trotte dans la tête.

- Je suis inquiet/inquiète que vous alliez à l'hôpital.
- Nous sommes dans l'incertitude.
- J'ai des soucis/des ennuis /des problèmes.
- Je suis préoccupé. / Ça me préoccupe.
- Je suis angoissé par cette nouvelle.

> ▸ *Remarques*
> - L'expression des sentiments peut être suivie d'un **nom** :
>   – *Quel bonheur, cette journée !*
>   – *Elle adore son appartement.*
>   – *Il en a assez de son travail.*
> - Elle peut être suivie de l'**infinitif (présent ou passé)** si le sujet est le même :
>   – *Elle est très heureuse d'aller au théâtre ce soir.*
>   – *Il est fou de rage d'avoir perdu son portefeuille.*
> - Si les sujets sont différents, on emploie le **subjonctif présent** ou **passé**.
>   – *Elle se moque qu'il pleuve.*
>   – *Il est inquiet que tu prennes la voiture alors qu'il neige.*
>   – *Je suis furieux que vous ne m'ayez pas informé à temps.*

1. **a. Lisez ces phrases et classez-les.**

1. Cette mise en scène, c'est formidable.

2. Je ne m'intéresse à rien.

3. Elle est très angoissée.

4. Ça m'est totalement égal.

5. Je suis excédée par vos demandes répétées.

6. Elle est aux anges !

7. Il est fou furieux.

8. Ils ont eu un coup de foudre.

9. Je m'en moque totalement.

10. Ce film est extraordinaire.

11. Ça me plaît beaucoup d'être ici.

12. Elle est à bout.

• Enhousiasme : **1** _____

• Inquiétude : _____

• Indifférence : _____

• Colère : _____

• Joie : _____

• Amour : _____

b. Relisez les phrases précédentes et indiquez si le ton est formel ou informel.

• Registre informel : **1**, _____

• Registre formel : _____

2. **Exprimer le bonheur – Complétez les phrases avec les expressions suivantes.**

content – heureuse – ~~bonheur~~ – plaisir – joie – trop bien

✐ *Exemple : Quel **bonheur** d'être avec vous !*

1. Judith est tellement _____ de partir en vacances.

2. Ça nous fait très _____ de vous voir la semaine prochaine.

3. On va au concert ensemble, c'est _____ .

4. Quelle _____ que vous attendiez un enfant, félicitations.

5. Félix a eu son examen ; il est très _____ .

3. **Exprimer l'enthousiasme – Reliez les éléments qui peuvent former une phrase (plusieurs possibilités).**

1. *C'est formidable que*

2. Comme vous avez de la chance de

3. Ça m'éclate que

4. Elle est aux anges

5. Je trouve extraordinaire que

a. vous soyez en Sicile en même temps que nous.

b. tu partes avec moi cet été.

c. *tu viennes avec moi.*

d. depuis qu'elle a son nouvel appartement.

e. partir faire le tour du monde..

4. **Exprimer l'amour – Qui pourrait dire ces phrases ?**

a. deux copains lycéens – **b.** une fille à ses parents – **c.** une femme d'un jeune couple voisin –
d. un jeune homme à sa copine – **e.** deux enfants – **f.** une grand-mère à son petit-fils

✐ *Exemple : « Je voudrais vous présenter mon amoureux. Vous allez tomber sous le charme et je suis sure qu'il va vous plaire » →* **b.**

1. « J'ai rencontré une meuf trop top. Je suis raide dingue. » → _____

2. « On se mariera quand on sera grand parce que je t'aime de tout mon cœur ! » → _____

3. « Du jour où j'ai rencontré ton grand-père, tout a changé pour moi. Ça a été le plus beau jour de ma vie ! » → _____

4. « Ma chérie, on fera tout ce que tu veux, tu es un ange ! » → _____

5. « Ils se sont trouvés et ils sont tellement amoureux, ils font plaisir à voir. » → _____

EXPRIMER SON ADMIRATION, SA DÉCEPTION

■ *LE CONCERT DE CAMILLE* piste 29

Tristan : Alors ça t'a plu ?

Élodie : Moi je la trouve formidable, Camille. Elle a une pêche incroyable. Quel dynamisme quand elle enchaîne les onomatopées ! C'était super. Et puis elle a une voix sublime. Elle fait des variations surprenantes. Vraiment, j'ai adoré. Et toi, tu es content ? Je t'ai vu applaudir comme un malade.

Tristan : Trop bien. Ses musiciens sont aussi incroyables. Quel sens du rythme ! Tu as remarqué les percussions, complètement en accord avec les textes ? Les percussionnistes sont vraiment trop forts.

Élodie : Oui, c'est clair, elle a un excellent accompagnement. Et les chœurs, c'est super aussi. J'aime beaucoup l'atmosphère de son concert. Elle tient vraiment bien la scène. Le public était très réceptif. Tu as vu comme ils ont applaudi !

Tristan : Et puis, au moins, c'est une artiste généreuse : elle n'hésite pas à revenir sur scène pour refaire une chanson au rappel. Ça, j'apprécie. Ça se fait rare.

Élodie : Moi, ce qui me plaît aussi beaucoup, c'est qu'elle chante presque tout le temps en français. Trop de chanteurs francophones se sentent obligés de chanter en anglais et ça m'énerve. Mais tu ne crois pas qu'elle est un peu folle ?

Tristan : Mais non, c'est son style, c'est un genre qu'elle se donne. Elle a toujours été très originale dans ses chansons. Souviens-toi ses premiers albums.

Élodie : Oui, c'est vrai.

Tristan : D'ailleurs, son spectacle est très construit. Elle évolue bien d'un morceau à l'autre. À chaque fois, elle fait des choses différentes. Elle varie les registres et ça, c'est la preuve d'un vrai talent. Moi, je suis fan.

Élodie : Tu as eu une super idée d'acheter des places. Vraiment merci. Je vais télécharger ses derniers albums pour les réécouter sur mon smartphone en voiture.

◀ 1. Écoutez et cochez les bonnes réponses.

	Vrai	Faux
1. Ils sortent du concert d'une chanteuse américaine.	☐	☐
2. Ils sont enthousiasmés par le concert.	☐	☐
3. Camille a une voix très originale.	☐	☐
4. D'excellents guitaristes l'accompagnent.	☐	☐
5. Ses textes sont en accord avec la musique.	☐	☐
6. Elle vient de sortir son premier album.	☐	☐
7. Elle chante uniquement en français.	☐	☐

◀ 2. Réécoutez et répondez aux questions suivantes :

Les deux personnes emploient un ton : ☐ amical. ☐ distant. ☐ formel.

Elles se connaissent : ☐ peu. ☐ très bien.

3. Relevez les termes employés pour exprimer l'enthousiasme et l'admiration.

■ QUART D'HEURE CRITIQUE piste 30

Jacques : Ah, je vois que tu lis le dernier roman de Christophe Clousset. Alors, comment le trouves-tu ?

Lucile : Je n'en suis qu'au début. Je ne peux encore rien dire. Tu l'as lu ?

Jacques : Oui. Il y a quelques mois, mais j'ai déjà oublié l'intrigue.

Lucile : Visiblement, ça ne t'a pas laissé un souvenir impérissable. C'est une histoire qui se passe entre Paris et New York, une jeune prof qui reçoit un manuscrit et qui…

Jacques : Ah oui ! Je me souviens maintenant.

Lucile : Tu n'as pas trop aimé ?

Jacques : Pas vraiment. J'avoue que j'ai été déçu. Pourtant, j'avais bien aimé ses autres romans. Cet auteur est habituellement intéressant et l'approche de ses personnages, fine. Mais là, j'ai trouvé que l'histoire n'était pas vraisemblable et le style peu travaillé. Quant à son personnage féminin, je l'ai trouvé peu approfondi, un peu stéréotypé même. Cette femme passe son temps à pleurer, toujours indécise dans ses choix. Vraiment, très décevant. Un simple roman de gare n'aurait pas été plus quelconque…

Lucile : Là, Jacques, je te trouve bien sévère. Mais ne m'en dis pas davantage, je vais poursuivre ma lecture ; je serai peut-être plus réceptive à la vie de cette femme ; je te donnerai mon avis quand j'aurai fini.

Jacques : À propos de critiques, j'ai vu la semaine dernière à l'Opéra *Pelléas et Mélisande* ? Tu l'as vu ?

Lucile : Non j'hésite à y aller.

Jacques : Sincèrement, j'ai adoré cette mise en scène très dépouillée, très touchante aussi. L'orchestre était magnifique et l'acoustique exceptionnelle. Les chanteurs avaient des voix sublimes et leur jeu était très sensuel, tout dans la retenue.

Lucile : Je ne suis pas convaincue. Je crois que je préférerais écouter un opéra en italien ou en allemand. Les textes sont tellement désuets… Autant ne pas les comprendre et rester sous le charme de la musique !

◀ 1. Écoutez et répondez aux questions suivantes.

1. De quel roman parlent les deux personnes ? _____

2. Ont-elle le même avis ? _____

3. L'homme a-t-il aimé ce livre ? _____

4. Quels reproches fait-il sur le style, le personnage, l'intrigue ? _____

5. Pourquoi la femme ne donne-t-elle pas d'avis ? _____

6. Qu'espère-t-elle ? _____

◀ 2. Réécoutez et cochez les bonnes réponses.

Ces deux personnes sont :

☐ de la même génération.   ☐ de générations différentes.

☐ du même milieu socioculturel.   ☐ de milieux socioculturels différents.

3. Relevez les expressions employées par l'homme pour exprimer sa déception ; par la femme pour lui faire un reproche.

POUR DEMANDER SON AVIS À QUELQU'UN

• À ton / votre avis, est-ce que ce roman est intéressant ?

• Qu'est-ce que tu penses de ce film ? / Je peux avoir ton avis sur cette pièce ?

• Tu crois que ça vaut la peine d'aller voir cette exposition ?

POUR DONNER SON AVIS OU SON APPRÉCIATION

• Personnellement, je trouve cet acteur époustouflant. / Je trouve que cet acteur est époustouflant.

• Je pense que ce spectacle est exceptionnel. / À mon avis, cet artiste est génial.

• D'après moi / Selon moi, c'est le meilleur peintre contemporain.

• En ce qui me concerne, ce roman ne vaut rien.

• Moi personnellement, je n'ai pas du tout aimé cette chorégraphie.

> ▸ *Remarque*
> • Pour donner son avis ou son appréciation, on emploie l'**indicatif.**

EXPRIMER L'ADMIRATION ENVERS UNE PERSONNE

 • J'admire ce peintre.

• Je suis fan de ce chanteur.

• Cette chanteuse, c'est mon idole.

• C'est un artiste formidable / génial / merveilleux / magnifique.

• Un vrai génie ! / Quel talent !

• Il ne faut pas manquer cette pièce.

 • J'ai beaucoup d'admiration pour cette femme. / Je ressens une grande admiration pour cet homme.

• Nous admirons ce musicien.

• C'est un peintre exceptionnel / talentueux. / Il est prodigieux / sensationnel.

• Il a un talent exceptionnel. / Pour moi, il est au-dessus de tout.

> ▸ *Expressions imagées*
> – *J'en ai eu le souffle coupé.*
> – *C'est à couper le souffle.*
> – *J'en ai eu les larmes aux yeux.*
> – *Cette danseuse, je la porte aux nues !*

> ▸ *Remarque*
> Pour insister, on peut utiliser des adverbes comme *totalement, incroyablement, absolument, vraiment, réellement.* L'adverbe est placé avant l'adjectif.
> – *C'est absolument magnifique !*
> – *Je trouve cette mise en scène incroyablement moderne.*
> – *À mon avis, ce ballet est réellement prodigieux.*

EXPRIMER SON ADMIRATION ENVERS UNE ŒUVRE

 • C'est magnifique / formidable / génial / super /superbe / trop beau.
- Ça me fait vibrer. / C'est fou ! / C'est ouf !

 • Ce travail est remarquable / admirable / sensationnel / éblouissant / splendide / exceptionnel / unique / grandiose/ époustouflant / prodigieux
- J'adore cette œuvre. / C'est un chef-d'œuvre.
- Quelle finesse ! / Quel talent !

> ▶ *Expression imagée*
> • Ça me donne la chair de poule ! / *J'en ai eu la chair de poule !*

EXPRIMER LA DÉCEPTION ENVERS UNE PERSONNE

 • C'est nul / ringard / dramatique.
- Je suis déçu(e) par ce spectacle. / Ce spectacle, quelle déception ! / Ça me déprime.
- J'attendais vraiment mieux. / Je m'attendais à mieux.
- Ce n'était vraiment pas terrible.
- C'est dommage que les acteurs soient si médiocres.
- Il décline.

 • Je suis excessivement déçue par ce chef d'orchestre.
- J'attendais beaucoup mieux de cet acteur. / Cet acteur me déçoit.
- Je trouve cette interprète minable / lamentable / dramatique.
- Il a chuté dans mon estime ; il était bien meilleur dans ses précédents spectacles.
- Quelle déception, je m'attendais à tellement mieux !
- Je regrette que l'acteur principal joue si mal

> ▶ *Remarque*
> Pour exprimer la déception, on peut utiliser le verbe décevoir à la forme active : « *Ce film me/nous déçoit beaucoup* », ou à la forme passive : « *je suis déçu /nous sommes déçus par ce film.* »

EXPRIMER SA DÉCEPTION ENVERS UNE ŒUVRE

 • Ça ne me parle pas. / Ça ne vaut rien (valoir). / Je trouve ça nul / lourd.
- Ça n'a rien d'exceptionnel. / Ça ne me plaît pas du tout.
- C'est mortel / dramatique.

 • C'est fade / quelconque / médiocre / banal / sans intérêt / sans relief / ridicule / navrant / consternant
- Moi qui attendais tant de cette pièce ! / J'attendais tellement de cette pièce !
- Ça n'évoque rien pour moi. / J'ai trouvé ce film mortellement ennuyeux.
- Ce travail est très décevant. / Comme c'est décevant / navrant !

> ▶ *Expressions imagées*
> – *Ça me laisse de marbre !*
> – *Ça ne me fait ni chaud ni froid !*

1.

a. Lisez ces phrases et indiquez si elles expriment l'admiration ou la déception.

	Admiration	Déception
1. *C'est complètement nul.*	☐	☑
2. Elle est géniale.	☐	☐
3. C'est remarquable.	☐	☐
4. J'ai trouvé cette interprétation exceptionnelle.	☐	☐
5. Quelle originalité.	☐	☐
6. C'est tellement beau. Ça m'a donné la chair de poule.	☐	☐
7. C'est mon idole.	☐	☐
8. C'était tout simplement navrant.	☐	☐
9. Quelle médiocrité. Vraiment cette mise en scène n'a aucun intérêt.	☐	☐
10. J'ai adoré. C'est tellement fin dans l'analyse des personnages.	☐	☐
11. Je suis complètement fan de sa musique.	☐	☐
12. Regardez comme le travail des détails…	☐	☐
13. Je m'attendais à tellement mieux.	☐	☐
14. Je le porte aux nues. Pour moi, c'est un génie.	☐	☐
15. Ses textes sont trop beaux.	☐	☐
16. Il est franchement sur le déclin.	☐	☐

b. Relisez les phrases précédentes et indiquez s'il s'agit de propos concernant une personne ou une œuvre.

• Sur une personne : _____

• Sur une œuvre : **1,** _____

c. Indiquez si le ton est formel ou informel.

• Registre courant : **1,** _____

• Registre soutenu : _____

2. **Remettez les mots dans l'ordre pour obtenir des phrases d'admiration.**

🖊 *Exemple : artiste / travail / est / le / exceptionnel / absolument / de / cet → **Le travail de cet artiste est absolument exceptionnel.***

1. film / trop / cool / est / l'actrice / géniale / et / le / est : _____

2. formidablement / que / trouve / joue / elle / l'acteur / bien : _____

3. tableau / vibrer / fait / me / ce / complètement : _____

4. monter / musique / les / m'a / larmes / yeux / cette / fait / aux : _____

3. **Exprimer la déception – Faites des phrases à partir des éléments donnés**

🖊 *Exemple : Je/ exposition /décevant/ extrêmement → **Je trouve que cette exposition est extrêmement décevante. / Je trouve cette exposition extrêmement décevante.***

1. Elle / déçu/ pièce / terriblement : _____

2. Son avis/ film / ne rien valoir : _____

3. Ils / mise en scène/ trouver/ consternant : _____

4. Je / concert/ attendre/ beaucoup mieux : _____

5. Je / opéra/ décevoir/ énormément : _____

▪ BILAN 3

1. Exprimer un projet, un souhait, un vœu – Complétez les phrases avec les mots suivants à la forme correcte.

intention – rêve – ~~ambition~~ – objectif – projet – pourvu – candidature – souhait – programme – vœu

✐ *Exemple : Cet homme a de grandes **ambition**s. Il veut faire une carrière politique*

1. Nous avons l'_____ de créer une chaîne de magasins.
2. Son _____ serait de travailler dans l'humanitaire.
3. J'ai plusieurs _____ mais ma priorité est de mener une vie saine.
4. Mon _____ le plus cher ce serait de faire le tour du monde.
5. Je vous présente mes _____ les meilleurs pour la nouvelle année.
6. Lorraine pose sa _____ pour travailler dans un laboratoire pharmaceutique.
   _____ que ça marche !
7. Je ne suis pas d'accord avec le _____ du futur candidat mais il faut lui faire confiance, non ?
8. Antoine a un grand _____ : construire un voilier et traverser l'Atlantique.

2. Exprimer une crainte, un regret, une demande d'aide – Écrivez le début d'un mail à partir des situations données.

✐ *Exemple : À une amie – Vous partez en vacances en Sicile au mois d'aout. Il y fait très chaud. Exprimez une crainte*
« Chère Alice,
*Je suis contente de partir en Sicile une semaine **mais je redoute la chaleur**… »*

1. À une copine – Votre petit ami vient de s'acheter un scooter. Sa conduite vous fait peur.

_____

_____

2. À votre grand-mère – Vous ne pouvez pas passer la voir, vous êtes en stage.

_____

_____

3. À un collègue – une tâche vous semble très compliquée. Vous demandez de l'aide.

_____

_____

4. À un copain – Vous êtes en train de déménager et vous avez besoin de ses bras pour porter les cartons très lourds.

_____

_____

3. Exprimer la colère et l'exaspération – Complétez les phrases avec les expressions suivantes à la forme convenable (parfois plusieurs possibilités).

furieux – révolté – ~~colère noire~~ – fou de rage – hors de soi – intolérable – outré

✐ *Exemple : Il ne retrouve pas son portable et, à chaque fois, il entre dans une **colère noire**.*

1. La plupart des employés ont été _____ par les propos du directeur.
2. Ses parents sont _____ qu'ils se soient mariés sans les informer. Ils ne comprennent pas.
3. Ne fais pas attention ; ma mère est _____ parce qu'elle vient d'apprendre que son voyage aux Baléares était annulé.

4. Le patron est _____ d'avoir perdu le marché. N'allez pas le voir maintenant, ce n'est pas le moment de lui demander une augmentation.

5. Je suis _____ : un distributeur a avalé ma carte bancaire et je n'ai pas d'argent pour ce soir.

6. La façon dont on accueille les réfugiés est _____. Quel manque de solidarité !

7. Je suis _____ que tu n'aies pas obtenu le poste alors que tu as toutes les compétences requises.

4. **Exprimer l'indifférence – Reliez les éléments qui peuvent former une phrase (plusieurs possibilités).**

1. *Ça m'est égal*
2. Tout ça
3. On se moque complètement
4. Les histoires politiques
5. Cette affaire
6. Mon père ne se sent pas concerné
7. Qu'il soit là ou non

a. nous indiffère totalement.
b. ça ne me fait ni chaud ni froid.
c. par mes problèmes d'argent.
d. ne l'intéresse pas du tout.
e. de voir cette pièce de théâtre.
f. *qu'elle soit là ou non.*
g. je m'en fiche totalement.

5. **Exprimer l'inquiétude – Réécrivez les phrases en utilisant les expressions données entre parenthèses.**

🖉 *Exemples : Mon amie est gravement malade. / Ça m'inquiète.* → **Ça m'inquiète que mon amie soit gravement malade.**

Je n'ai aucune nouvelle d'elle. / Je suis inquiète. → **Je suis inquiète de n'avoir aucune nouvelle d'elle.**

1. Jules part travailler au Yémen. / Ça nous angoisse.

2. Elle ne trouve pas de travail. / Elle est préoccupée.

3. Vous ne nous répondez pas. / Ça nous inquiète.

4. Tu ne veux plus me voir. / Ça me trotte dans la tête.

5. Tu m'as raconté tes problèmes. / Ça me préoccupe.

6. **Exprimer la déception et l'admiration – Écrivez des phrases contraires (plusieurs possibilités)**

🖉 *Exemple : Elle a trouvé cette pièce très décevante (admiration)* → **Elle a trouvé cette pièce remarquable/exceptionnelle.**

1. J'ai adoré cette mise en scène. (Déception)

2. Ce spectacle ne valait vraiment rien. (Admiration)

3. À mon avis, cette danseuse est prodigieuse. (Déception)

4. Ça n'a rien d'exceptionnel ! (Admiration)

PRÉSENTER SON PARCOURS PROFESSIONNEL

■ *L'INTERVIEW SURPRISE* piste 31

(Dans un bureau, Arthur, 17 ans, stagiaire et Mme Langlois, directrice communication.)

Mme Langlois : Arthur, vous n'avez pas encore fini de trier ces dossiers ? Qu'est-ce qui se passe ?

Arthur : En fait madame, j'ai un problème. Le prof nous demande d'interviewer un professionnel, alors peut-être que vous pouvez m'aider ?

Mme Langlois : Bon, venez me voir à la pause-déjeuner, on verra ce qu'on peut faire. Et maintenant, au travail !

(Deux heures plus tard, dans le bureau de Mme Langlois)

Arthur : Pardon madame, je peux entrer ? J'ai fini ce que vous m'avez demandé.

Mme Langlois : Ah Arthur, très bien. Asseyez-vous. Je peux vous accorder un petit quart d'heure. Alors vos questions ?

Arthur : Merci. D'abord, je voudrais savoir quelles études vous avez faites.

Mme Langlois : Après mon bac littéraire, je suis entrée dans une école supérieure de communication à Paris. Une très bonne école. Pendant quatre ans, j'ai suivi ces enseignements et j'ai effectué plusieurs stages. Après avoir obtenu mon diplôme, j'ai trouvé un premier poste comme assistante en communication… Avez-vous d'autres questions ?

Arthur : Oui, quelles langues avez-vous étudiées ?

Mme Langlois : J'ai étudié en première langue l'allemand, dès le collège. Au lycée, j'ai d'abord commencé à étudier l'anglais puis l'espagnol.

Arthur : Waouh, vous êtes trilingue ?

Mme Langlois : En fait quadrilingue : ma mère étant russe, on pourrait dire que j'ai une deuxième langue maternelle.

Arthur : Vous êtes trop forte. Moi je voudrais bien partir en Angleterre pendant six mois ou un an pour devenir vraiment bon en anglais, mais mes parents ne veulent pas.

Mme Langlois : Vous arriverez peut-être à les faire changer d'avis. Allez, la pause est finie. Et n'oubliez pas mes dossiers !

◀ 1. Écoutez et répondez aux questions.

1. Pourquoi Arthur veut-il interroger un professionnel ? _____

2. Après le bac, quelles études a-t-elle faites ? Pendant combien de temps ?_____

3. Combien de langues parle-t-elle ? _____

4. Que voudrait faire Arthur dans les mois à venir ? _____

◀ 2. Réécoutez et répondez aux questions.

1. Les deux personnes : ☐ se tutoient. ☐ se vouvoient.

2. Dans la hiérarchie de l'entreprise, ils sont : ☐ au même niveau. ☐ à des niveaux différents.

3. Mme Langlois est : ☐ insensible ☐ distante ☐ touchée par la situation d'Arthur.

4. Quel est le temps employé pour parler du parcours d'études de Mme Langlois ?

■ *LA SCIERIE* piste 32

Antonin : Dis Grand-père, j'aimerais bien que tu me parles de quand tu étais jeune. Comment tu as créé la scierie ? Tu as fait des études pour ça ?

Le grand-père : Non, tu sais, Antonin, moi, je ne suis pas allé longtemps à l'école, seulement jusqu'au Brevet. À l'époque, il n'y avait que les gens de la ville qui allaient au lycée. Mes parents m'ont placé comme apprenti dans une ferme.

J'avais 14 ans. J'aidais aux travaux des champs. Je travaillais dix heures par jour. J'étais logé, nourri mais je ne gagnais pas grand-chose. Ça a duré pendant deux ou trois ans. J'aimais bien les fermiers, ils étaient gentils avec moi. Et puis un jour, Maurice, un ami du fermier m'a proposé de venir travailler avec lui dans sa scierie. Il avait besoin d'un gars jeune et fort. J'étais comme ça à l'époque.

Antonin : Mais tu savais faire ça, couper des planches ?

Le grand-père : Non, mais il m'a appris le métier. Petit à petit, il m'a demandé de surveiller les autres ouvriers. C'est à ce moment-là que j'ai rencontré ta grand-mère. Après le mariage, le patron qui m'aimait bien m'a donné plus de responsabilités. Je suis devenu son bras droit assez vite. Et puis il a eu un accident. Il ne pouvait plus travailler et je me suis occupé entièrement de la scierie. Il s'occupait encore des commandes, mais je faisais tout le reste.

Antonin : Mais la scierie était déjà à toi ?

Le grand-père : Non, je suis devenu le patron à la fin des années 80. Maurice était handicapé et ne pouvait plus travailler. Il était trop vieux aussi. Il m'a proposé de me vendre la scierie. Ta grand-mère avait eu un petit héritage et ça nous a permis d'acheter la scierie.

Antonin : Et tu as fait fortune ?

Le grand-père : C'est un bien grand mot. Aujourd'hui, ton père a repris l'entreprise et ça marche bien. Et toi, peut-être que tu travailleras aussi avec ton père dans quelques années, non ?

Antonin : Moi, je ne sais pas trop, mais je voudrais plutôt être ingénieur. Comme ça, je pourrais inventer des machines super rapides pour scier le bois. Ce serait bien aussi, non, grand-père ?

1. Écoutez le dialogue et cochez les bonnes réponses.

	Vrai	Faux
1. Le grand-père est allé au lycée.	☐	☐
2. Il a commencé à 14 ans comme apprenti chez des fermiers.	☐	☐
3. Un ami de son père lui a proposé un travail dans une scierie.	☐	☐
4. Maurice le patron lui a donné un poste d'ouvrier.	☐	☐
5. Le grand-père est devenu une personne importante dans la scierie.	☐	☐
6. Avec l'argent de sa femme il a pu racheter l'entreprise.	☐	☐
7. Son fils a repris la scierie plus tard.	☐	☐
8. Antonin a très envie de travailler dans la scierie.	☐	☐

2. Réécoutez le dialogue et répondez aux questions.

1. Le ton de l'échange est : ☐ distant. ☐ proche. ☐ soutenu.

2. Quels temps sont utilisés pendant cet échange ? _____

3. Relevez dans le dialogue les expressions qui indiquent les repères temporels ; la durée.

POUR CHERCHER UN EMPLOI

 • Il cherche un job / du taf / un emploi de caissier. / Je voudrais trouver du / un travail de
• Je voudrais travailler comme vendeur/ assistante sociale.
• Il s'est présenté pour le poste de chauffeur.
• Je vous ai envoyé mon C.V. et ma lettre de motivation.

 • Je suis à la recherche d'un emploi d'ingénieur et je souhaiterais vous rencontrer.
• Elle a postulé pour être hôtesse de l'air chez Air France. / Il recherche un poste dans le domaine bancaire.
• Je vais passer un entretien (de recrutement) pour un poste d'assistant technique.
• J'ai répondu à votre annonce pour le poste de…. / Je vous ai adressé mon dossier de candidature

> ▶ *Remarque*
> *Je cherche **un poste/emploi de** coiffeur /je voudrais travailler **comme** coiffeur.*

POUR PARLER DE SES ÉTUDES, DE SA FORMATION

> ▶ *Remarque*
> • En France, l'enseignement est obligatoire jusqu'à 16 ans. Il est divisé entre l'école primaire (jusqu'à 10 ans), le collège (jusqu'à 14-15 ans) puis le lycée (jusqu'à 17-18 ans). Collège et lycée font partie de l'enseignement secondaire. Le brevet se passe à la fin du collège et le baccalauréat (bac) se passe à la fin du lycée. Ce deuxième diplôme donne accès aux études supérieures, à l'université ou dans des grandes écoles.
> • À l'université, les cycles sont répartis selon le système européen LMD : licence (trois ans), master (deux ans) et doctorat.
> • On parle de « Bac +3 » quand on est en 3e année d'études post-baccalauréat. Les classes préparatoires préparent les étudiants aux concours d'entrée dans une grande école.

• J'ai fait des études d'histoire. / J'ai fait histoire. / J'ai étudié les mathématiques, la physique.
• Je suis allé en fac (= faculté, université) de lettres. / Je suis allée en lettres.
• J'étais en psycho/psychologie.

 • J'ai eu / décroché / passé mon bac en 2009.
• Je suis en terminale (= dernière année de lycée).
• J'ai fait un M1 / master 1 (= première année de master) en sciences économiques / une prépa.
• J'ai arrêté la fac en 2015.
• Je suis allée en fac de communication.
• J'ai fait une formation de plombier.

 • J'ai obtenu ma licence de lettres en 2014. / J'ai réussi mon M2 en 2012.
• Je suis titulaire /diplômé d'un DUT (= diplôme universitaire de technologie) en écologie.
• Je rentre en 2e année de médecine.
• De 2001 à 2006, j'ai étudié le droit. / Pendant quatre ans, j'ai fait des études de droit.
• J'ai fait trois ans d'études.
• J'ai suivi une formation de documentaliste.

POUR PARLER DE SON PARCOURS

> **▶ Remarque**
>
> • Pour parler de son cursus universitaire comme de son expérience professionnelle, il est néces-saire de mentionner des repères pour situer les étapes dans le temps. On peut utiliser des mar-queurs chronologiques tels que : « *(tout) d'abord* », « *en premier lieu* » ; « *ensuite* », « *(et) puis* » ; « *plus tard* », « *par la suite* » ; « *enfin* ».
> – *D'abord j'ai passé mon bac, puis je suis allé en 1re année de fac de lettre. Plus tard j'ai obtenu ma licence ; enfin j'ai trouvé un emploi.*
> • On peut être plus précis dans les dates avec des expressions telles que « en + date » ou « de… à… ».
> – *En 2001, j'ai obtenu mon bac.*
> – *De 2001 à 2005, j'ai étudié la physique.*
> • Pour exprimer la durée, on peut utiliser « pendant » (pour un temps limité) et « depuis » (pour une action qui continue au moment où on parle).
> – *Pendant six ans j'ai travaillé dans une entreprise de prêt-à-porter (c'est terminé aujourd'hui).*
> – *Depuis quatre ans je travaille dans une papeterie.*

> **▶ Attention**
>
> On emploie « *année* » pour le découpage des études universitaires. Pour indiquer le temps écoulé, la durée, on emploie « *an* ».
> – *Je suis en troisième année de philosophie.*
> – *J'ai étudié la philo pendant trois ans.*

• J'ai travaillé dans une boîte pendant quatre ans.

• Mon métier, c'est esthéticienne. / Je suis apprenti menuisier.

• J'ai appris le métier d'esthéticienne.

• J'ai appris le métier sur le tas/par moi-même.

• Je travaille comme standardiste depuis deux ans.

• J'ai été licencié /mis à la porte.

• La boîte a fermé / a mis la clé sous la porte.

• Je suis chômeur/ au chômage depuis deux mois.

• J'ai occupé un poste d'informaticien pendant trois ans.

• Je suis en apprentissage chez un menuisier.

• J'ai une expérience de deux ans dans l'enseignement.

• J'exerce la profession de directeur artistique depuis trois ans.

• J'ai passé un concours interne pour devenir chef de secteur.

• Je suis un autodidacte.

• J'ai été mis à pied en mars 2016.

• J'ai eu une promotion.

• L'entreprise a déposé le bilan.

• Je suis sans emploi depuis six mois.

PRÉSENTER SON PARCOURS PROFESSIONNEL

1. **a. Lisez les phrases et indiquez si elles correspondent à une présentation des études ou du parcours professionnel.**

	Études	Parcours professionnel
1. Elle exerce la profession de consultant en publicité.	☐	☑
2. Elle a suivi une formation de pâtissière.	☐	☐
3. J'ai appris le métier d'électricien.	☐	☐
4. Elle a fait des études de biologie.	☐	☐
5. Il a passé un bac scientifique.	☐	☐
6. Je suis chômeur depuis août.	☐	☐
7. Elle parle anglais et russe.	☐	☐
8. Elle a obtenu une licence en sciences sociales.	☐	☐
9. Je suis maçon de formation.	☐	☐
10. J'ai passé trois ans aux Beaux-Arts.	☐	☐
11. Elle a reçu une formation de couturière.	☐	☐
12. Il travaille comme boulanger.	☐	☐
13. Il a des notions de chinois.	☐	☐
14. Il a été licencié en avril dernier.	☐	☐

b. Relisez les phrases précédentes et indiquez si le ton est formel ou informel.

• Registre informel, standard : _____

• Registre formel, soutenu : **1,** _____

2. **Parler de ses études, de sa formation – Reliez les expressions de sens proche.**

1. *Elle a étudié l'architecture*   a. Elle va bientôt finir véto.

2. Elle est en sixième année d'études vétérinaires.   b. Elle est apprentie coiffeuse.

3. Je fais des études anglophones.   c. Il fait Sciences Po.

4. Elle est placée chez une coiffeuse.   d. Il a appris la mécanique.

5. Il poursuit des études en sciences politiques   e. *Elle a fait archi.*

6. Il a suivi une formation de mécanicien   f. Je suis en fac d'anglais.

3. **Chercher un emploi – Complétez les phrases avec les expressions suivantes (attention au niveau de langue).**

poste, ~~chômage~~, CV, candidature, licenciement, job, promotion, emploi

🖋 *Exemple : Notre fils est au **chômage** depuis dix mois ; nous sommes tous inquiets pour lui.*

1. Elle cherche un _____ dans le domaine bancaire.

2. J'ai présenté ma _____ il y a deux semaines mais je n'ai reçu aucune nouvelle. Je crains de ne pas obtenir le _____ .

3. Il a envoyé sa lettre de motivation et son _____ et on lui a proposé un rendez-vous la semaine prochaine.

4. Elle a perdu son emploi le mois dernier suite à un _____ partiel dans l'entreprise.

5. Paul cherche un _____ de caissier ou de manutentionnaire. Tu ne pourrais pas l'aider ?

6. Louise a obtenu une _____ . Maintenant elle va s'occuper des clients à la réception.

4. **Vous cherchez un emploi d'étudiant en France. Préparez votre entretien : présentez-vous, parlez de vos études et de votre expérience professionnelle.**

PRENDRE OU SE RENDRE À UN RENDEZ-VOUS

■ *CONVOCATION* piste 33

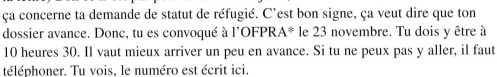

(Dans un café, un jeune demandeur d'asile soudanais et un jeune Français.)

Mahmoud : Salut Jules, regarde, j'ai reçu une convocation aujourd'hui. Je crois que c'est pour ma carte de séjour mais je ne comprends pas bien. Tu peux m'aider ?

Jules : Bien sûr, laisse-moi lire ta lettre. (Jules lit la lettre) Bon ce n'est pas pour ta carte de séjour ; ça concerne ta demande de statut de réfugié. C'est bon signe, ça veut dire que ton dossier avance. Donc, tu es convoqué à l'OFPRA* le 23 novembre. Tu dois y être à 10 heures 30. Il vaut mieux arriver un peu en avance. Si tu ne peux pas y aller, il faut téléphoner. Tu vois, le numéro est écrit ici.

Mahmoud : Oui, pas de problème, je vais aller là-bas. C'est où ?

Jules : C'est à Val-de-Fontenay. C'est loin. Il faut prendre le RER E à Magenta direction Villiers-sur-Marne. Il faut bien 40 minutes pour aller là-bas. Tu as l'adresse ; elle est indiquée ici.

Mahmoud : Ah oui, je vois, 19 rue Carnot. Je demanderai où c'est. Qu'est-ce que je dois apporter comme document ?

Jules : D'abord tu iras à l'accueil et tu donneras cette convocation. Tu dois prendre aussi l'original de ton récépissé*. C'est la préfecture qui te l'avait donné, non ? Tu l'as bien ?

Mahmoud : Oui, oui. Ça, je l'ai toujours avec moi. C'est un papier très important. Et quoi d'autre ?

Jules : Attends, je regarde encore… C'est tout. Donc cette convocation et ton récépissé, c'est tout. Avec ton numéro de dossier, ils vont retrouver toutes les pièces de ton dossier.

Mahmoud : Merci Jules. Tu prends un café ?

Jules : Allez ça ne se refuse pas. Mais quand tu auras ton statut de réfugié, on prendra autre chose qu'un café !

OFPRA : Office français de protection des réfugiés et des apatrides. **Un récépissé :** ici, une attestation de demande d'asile.

◀€ 1. Écoutez le dialogue et répondez aux questions.

1. Par quel organisme Mahmoud est-il convoqué ?   ☐ La préfecture.   ☐ L'OFII.   ☐ L'OFPRA.

2. C'est à quel sujet ?   ☐ La carte de séjour.   ☐ Le récépissé.   ☐ Le statut de réfugié.

3. Quand a lieu la convocation ?

4. De Magenta, il faut prendre le :   ☐ RER A.   ☐ le RER B.   ☐ Le RER E.

5. Pour aller au rendez-vous, il faut :   ☐ 15 minutes.   ☐ 40 minutes.   ☐ 1 heure et 40 minutes.

6. À quel bureau Mahmoud doit-il se présenter ? _____

7. Mahmoud doit prendre quels documents ?
   ☐ Sa carte d'identité.   ☐ Son récépissé.   ☐ Son permis de conduire.   ☐ Sa convocation.

◀€ 2. Réécoutez le dialogue et répondez aux questions.

1. Mahmoud et Jules se connaissent.   ☐ un peu.   ☐ très bien.

2. Le ton de l'échange est   ☐ formel.   ☐ informel.

3. Relever les mots appartenant au domaine administratif ? _____

■ MARIAGE AU PRINTEMPS piste 34

L'employé : Service de l'état civil, bonjour. Que puis-je faire pour vous ?

L'homme : Bonjour monsieur. J'ai l'intention de me marier au printemps prochain. J'habite à Sète. Pourriez-vous m'accorder un rendez-vous pour m'indiquer la marche à suivre ?

L'employé : Avant que nous nous rencontrions, vous devez monter votre dossier. Je vous recevrai quand vous aurez fourni toutes les pièces requises. Alors tout d'abord, vous devez télécharger le document sur notre site web et le compléter. Vous êtes de nationalité française ? Vous êtes domicilié sur la commune depuis plus d'un an ?

L'homme : Oui depuis cinq ans ; ma future femme est colombienne. Elle a un titre de séjour valide et elle réside avec moi depuis deux ans.

L'employé : Alors il faudra qu'elle s'adresse à son consulat pour rassembler les pièces nécessaires à son dossier au regard de la Colombie. Pour chacun des époux, vous devrez obtenir les pièces suivantes : l'original et une photocopie de la pièce d'identité, deux justificatifs de domicile…

L'homme : Une quittance d'électricité et ma quittance de loyer, par exemple ?

L'employé : Oui, à condition qu'elles soient à votre nom. Ce n'est pas tout. Il faudra également fournir des informations sur les témoins : les noms, prénoms, dates et lieux de naissance, professions, domiciles et une copie de leur titre d'identité.

L'homme : Il faut encore deux témoins par époux ?

L'employé : Exactement. Mais ne m'interrompez pas sans arrêt. Je n'ai pas que ça à faire ! Il faudra aussi vous procurer une copie de votre acte de naissance datant de moins de trois mois.

L'homme : Bien, et pour ma femme ?

L'employé : Je vous l'ai déjà dit, monsieur. Il faut qu'elle voie avec son consulat. Je n'ai pas de temps à perdre !

L'homme : Vous pourriez être plus aimable. Passons. Alors, on voudrait se marier en juin. Vous pensez que c'est possible ?

L'employé : Nous sommes en janvier donc à mon avis, vous n'aurez pas le temps de réunir les pièces nécessaires. Pour votre future épouse surtout. Il fallait y penser plus tôt, un mariage ça ne s'improvise pas. L'année prochaine me semblerait plus raisonnable !

L'homme : Mais c'est absolument impossible. C'est quand même nous qui décidons la date de notre mariage, non ?

◀̧ 1. Écoutez le dialogue et cochez les bonnes réponses.

	Vrai	Faux
1. Il veut se marier au printemps.	☐	☐
2. Sa future épouse est française.	☐	☐
3. L'homme demande des précisions.	☐	☐
4. L'employé répond très aimablement.	☐	☐
5. Le mariage aura probablement lieu dans quelques mois.	☐	☐

◀̧ 2. Réécoutez le dialogue et répondez aux questions.

1. L'échange se fait sur un ton : ☐ familier. ☐ formel. ☐ sympathique. ☐ désagréable.

2. Les termes utilisés appartiennent au langage : ☐ courant. ☐ administratif.

POUR DEMANDER UN RENDEZ-VOUS

 • Je voudrais prendre un rendez-vous avec Mme Ledoux.

• Je voudrais voir Mme Ledoux.

• J'ai besoin d'avoir un rendez-vous avec…

 • Je souhaite obtenir un rendez-vous avec M. Tuilier.

• Je dois voir M. Tuilier, puis-je avoir un rendez-vous ?

• Pourriez-vous me donner un rendez-vous avec M. Tuilier ?

Généralement, la secrétaire chargée des rendez-vous par téléphone vous demandera de donner vos nom, prénom (que vous devrez peut-être épeler), adresse, numéro de téléphone, adresse mail, date de naissance, éventuellement un numéro de dossier si vous êtes déjà venu. Pour cela vous devez vous munir (avoir à portée de la main) des pièces/documents nécessaires.

> ▸ *Remarque*
>
> • Pour épeler un nom, un prénom, vous pouvez utiliser des comparaisons avec des prénoms français en disant « A comme Alice… »
>
> *A/Alice – B/Benoît – C/Cécile – D/Denis – E/Elise – F/François – G/Gustave – H/Henri – I/Irène – J/Jean – K/Karl – L/Lucile – M/Marie – N/Nicolas – O/Olivier – P/Pierre – Q/Quentin –R/Richard – S/Suzanne – T/Thomas – U/Ursule – V/Valérie – W/Walter – X/Xavier – Y/Yan, – Z/ Zoé*

SE PRÉSENTER À UNE CONVOCATION ADMINISTRATIVE

Lorsque vous êtes convoqué dans une administration, il est important d'arriver un peu avant l'heure du rendez-vous. Parfois vous devrez attendre votre tour après avoir retiré à une borne un ticket indiquant un numéro d'attente. Quand votre numéro sera annoncé ou affiché sur un écran lumineux, vous devrez vous présenter à l'hôtesse d'accueil et demander à être orienté vers le bureau où vous êtes attendu ou convoqué.

 • Je suis convoqué à 11 heures. Voici la lettre que vous m'avez envoyée.

• J'ai reçu un avis. Le voici.

• J'ai rendez-vous à 11 heures avec M. Bouchard.

• J'ai les documents que vous m'avez demandés.

• Je dois aller où / à quel bureau ?

 • J'ai reçu cette convocation me demandant de me présenter à midi dans vos bureaux

• J'ai rassemblé les documents demandés / requis.

• Voici les pièces de mon dossier.

• Pourriez-vous m'indiquer le bureau de M. Bouchard / où je dois me rendre ?

> ▸ *Remarque*
>
> Les pièces justificatives sont les documents qui attestent (prouvent) la réalité de votre situation.
>
> • Si on vous demande une **pièce d'identité**, il s'agit de votre carte d'identité, de votre passeport ou de votre titre de séjour (carte de séjour ou récépissé donné par la préfecture) si vous êtes étranger.
>
> • On peut aussi vous demander un **certificat d'état civil** ou un **extrait d'acte de naissance** (délivré par la mairie de naissance), un **livret de famille** (comportant les noms, prénoms, dates et lieux de naissance des époux et des enfants)
>
> • Dans une conversation téléphonique avec une administration, pour demander à parler à un employé, la personne au standard vous « passera » le service concerné.
>
> • Quand vous vous présentez à une convocation, l'hôtesse vous oriente vers le lieu de votre rendez-vous : ● ● ●

• • •

– « M. Leroux vous attend. / Vous êtes attendu au bureau 214. Vous pouvez emprunter l'ascenseur. C'est au 2ᵉ étage, 3ᵉ bureau sur votre droite. »

• Lors d'un échange téléphonique, vous demanderez à la personne du standard le service que vous recherchez et elle vous passera la communication en vous demandant de ne pas quitter ou de patienter :

– « Ne quittez pas. / Restez en ligne. »,

– « Je vous passe le service. »

– « Veuillez ne pas quitter. / Veuillez patienter. »

1. **a. Lisez les expressions suivantes et indiquez si elles correspondent à une demande de rendez-vous ou à la présentation à une convocation.**

	Demande de rendez-vous	Présentation à une convocation
1. *Vous devez venir nous voir le 21 novembre à 10 heures.*	☐	☑
2. Je voudrais un rendez-vous avec M. Brual.	☐	☐
3. J'ai réuni les pièces manquant à la constitution de mon dossier	☐	☐
4. Pourriez-vous m'indiquer le bureau de Mme Manique s'il vous plaît ?	☐	☐
5. Je m'appelle Louis Duval et j'ai rendez-vous avec Mme Leroy.	☐	☐
6. Notez bien votre rendez-vous : le 15 janvier à 14 heures 30 avec M. Duval.	☐	☐
7. Je souhaite obtenir un rendez-vous avec Mme Gentil.	☐	☐
8. J'ai rendez-vous avec M. Legros à 11 heures 05.	☐	☐
9. Je vous ai apporté tous les documents que vous m'avez demandés.	☐	☐
10. Il faut que je voie rapidement M. Fort.	☐	☐
11. Voici mon dossier. Je pense qu'il est complet.	☐	☐
12. Je souhaiterais que vous m'accordiez un rendez-vous la semaine prochaine.	☐	☐

b. Relisez les phrases précédentes et indiquez si le ton est formel ou informel.

• Registre informel, standard : **1,** _____

• Registre formel, soutenu : _____

2. **Complétez les phrases avec les expressions suivantes (à la forme correcte).**

convocation – requis – fournir – ~~justificatif~~ – attestation – dossier – se présenter – recevoir – pièce

✎ *Exemple : Vous devez présenter un **justificatif** de domicile*

1. Il faut compléter votre _____, certains documents _____ manquent.

2. Nous allons vous envoyer une _____. Quand vous la _____,vous devrez vous présenter et vous munir d'une _____ d'identité.

3. Vous devrez _____ au bureau de l'état civil. Pour prouver votre adresse, vous devez nous apporter une _____ de domicile.

4. Pour instruire votre dossier, certains documents seront à _____ comme une attestation de domicile et une pièce d'identité.

5. Vous ne pouvez pas faire de démarche administrative sans présenter une _____ d'identité.

3. **Reliez les expressions de sens proche.**

1. *Vous devez fournir les pièces suivantes.*

2. Vous êtes prié de vous munir de cette convocation.

3. Vous devez vous rendre au bureau 315.

4. M. Laborde vous recevra le 20 octobre.

5. Vous devez vous rendre dans nos bureaux.

6. Certains documents manquent à votre dossier.

7. Vous devez vous rendre au guichet 8.

8. Vous devez revenir nous voir quand vous aurez rassemblé toutes les pièces.

a. Prenez avec vous cette lettre.

b. Il faut aller au 3ᵉ étage porte 315.

c. Vous avez un rendez-vous le 20/10.

d. Votre dossier est incomplet.

e. Il faut venir nous rencontrer.

f. Vous devez compléter votre dossier.

g. *Il faut donner ces documents….*

h. Votre numéro s'affiche au-dessus du box, c'est votre tour

4. **Remettez dans l'ordre cette conversation téléphonique avec un assureur**

a. Avez-vous déjà un contrat d'assurance chez nous ? → ___

b. C'est une Renault, modèle Twingo Plus de 2003. Le numéro est 274 ZDT 22. → ___

c. Voilà je vous envoie une attestation d'assurance provisoire par mail. → ___

d. C'est très rapide. Merci madame. → 8

e. Bonjour en quoi puis-je vous aider ? → 1

f. Je viens d'acheter une voiture d'occasion et je voudrais l'assurer. → ___

g. Oui voici mon numéro de police : 25 72 44 21A. → ___

h. Parfait, j'ai retrouvé votre dossier. Alors donnez-moi la marque, le modèle, l'année de votre véhicule ainsi que votre numéro d'immatriculation. → ___

5. **Vous téléphonez à la mairie pour demander un rendez-vous pour obtenir une place en crèche pour votre enfant âgé de 11 mois. Préparez le dialogue.**

FAIRE UNE INSCRIPTION

■ *INSCRIPTION À L'UNIVERSITÉ* piste 35

Lucile : Bonjour madame, c'est bien le service des inscriptions ?

La secrétaire : Oui, bonjour. En quoi puis-je vous aider ?

Lucile : Je voudrais m'inscrire en 3e année de licence de français langue étrangère. Je dois faire quelles démarches ?

La secrétaire : Vous avez déjà fait les deux premières années de licence en lettres ?

Lucile : Oui, à Montpellier, mais à partir de mai prochain je viendrai habiter à Paris.

La secrétaire : Alors les inscriptions administratives se font en ligne sur e-candidat à partir du 15 avril.

Lucile : Donc je ne peux rien faire maintenant… Dommage. Je devrai fournir quels documents ?

La secrétaire : Actuellement, le site est fermé car il est trop tôt mais vous devrez réunir les pièces suivantes. Il faut produire des photocopies lisibles d'une pièce d'identité, de votre précédente carte d'étudiante et de votre baccalauréat.

Lucile : Je n'aurai pas besoin de mes derniers relevés de notes ?

La secrétaire : Non, vous en aurez besoin pour procéder à l'inscription pédagogique, mais ça se fera plus tard. Surtout, quand vous aurez enregistré votre dossier, vous conserverez votre numéro d'inscription.

Lucile : Merci madame. Et j'y pense, vous savez s'il y a des cours de danse orientale à l'université ?

La secrétaire : Alors ça, je n'en sais rien. Il faudra voir avec l'association Campus sport.

◀≋ 1. Écoutez le dialogue et cochez les bonnes réponses.

	Vrai	Faux
1. Lucile veut s'inscrire maintenant en 3e année de français langue étrangère.	☐	☐
2. Elle veut continuer ses études dans la même université.	☐	☐
3. Les inscriptions en ligne sont ouvertes depuis mai.	☐	☐
4. Pour s'inscrire, il faut présenter une pièce d'identité et des relevés de notes.	☐	☐
5. Lucile voudrait aussi s'inscrire à un cours de cuisine orientale.	☐	☐

◀≋ 2. Réécoutez le dialogue et complétez les phrases de la secrétaire.

– _____ puis-je vous _____ ?

– les _____ administratives se font _____ sur e-candidat.

– Il faut _____ des _____ lisibles.

– Vous en aurez besoin pour _____ à l'inscription _____ .

– Vous _____ votre numéro d'_____ .

■ À LA MÉDIATHÈQUE DE MONTAUBAN piste 36

La femme : Pardon monsieur, je voudrais m'inscrire à la bibliothèque. Qu'est-ce que je dois faire ?

Le bibliothécaire : Alors vous pouvez vous inscrire sur notre site E-Médiathèque mais, puisque vous êtes là, je peux prendre votre inscription si vous avez une pièce d'identité.

La femme : Oui, voici ma carte d'identité.

Le bibliothécaire : Ah, je vois que vous habitez à Montauban. Très bien. Auriez-vous par hasard un justificatif de domicile sur vous ?

La femme : J'ai reçu hier ma dernière facture EDF sur mon téléphone, ça ira ?

Le bibliothécaire : C'est parfait, montrez-moi l'écran de votre smartphone. Bien, donc vous êtes madame Élise Laborde et votre adresse est bien 21 quai de la Garonne ?

La femme : Oui, c'est bien ça.

Le bibliothécaire : Vous êtes demandeur d'emploi ou étudiante ?

La femme : Non, j'ai une activité professionnelle. Quel est le montant de l'inscription ?

Le bibliothécaire : Pour les Montalbanais, les frais d'inscription s'élèvent à 10 € par an.

La femme : Oh, ce n'est vraiment pas cher. J'aurais dû m'inscrire plus tôt ! Ah, une question : la médiathèque est ouverte tous les jours ?

Le bibliothécaire : Oui, sauf le lundi, de 12 heures à 18 heures et, le jeudi, la médiathèque reste ouverte jusqu'à 20 heures.

La femme : Je peux emprunter combien de livres par semaine ?

Le bibliothécaire : Pour trois semaines, vous pouvez emprunter 15 documents, y compris des CD, des DVD, des revues et des livres, bien sûr. Vous pouvez consulter notre catalogue en ligne. Voici votre carte. N'hésitez pas à faire appel à moi si vous avez une question. Je vous aiderai avec grand plaisir.

La femme : C'est super. Je vais faire le tour. Merci beaucoup, alors à tout à l'heure.

◀ 1. Écoutez le dialogue et répondez aux questions.

1. À quel service culturel la femme veut-elle s'inscrire ? _____

2. Quels documents doit-elle présenter ? _____

3. Quel est le montant de l'inscription ? _____

4. Combien de documents peut-elle emprunter toutes les trois semaines ? _____

5. Quels sont les jours et les heures d'ouverture ? _____

◀ 2. Réécoutez le dialogue et répondez aux questions.

1. L'échange se déroule dans un langage :

☐ familier. ☐ standard. ☐ soutenu. ☐ distant.

2. Comment la femme formule-t-elle sa demande ? _____

3. Comment le bibliothécaire lui répond-il ? _____

À SAVOIR

- Pour s'inscrire dans un service culturel, un centre sportif, une université, en général les inscriptions se font / se prennent pour l'année scolaire ou universitaire (de septembre à juin) et non pour l'année civile (de janvier à décembre).
- Vous devrez en premier lieu vous adresser au secrétariat ou au service d'accueil. On vous demandera sûrement une pièce d'identité et des justificatifs de domicile (une quittance de loyer, d'électricité ou de téléphone).
- Dans un club de sport, vous devrez en plus fournir un certificat médical récent, délivré par un médecin, déclarant votre aptitude à pratiquer telle ou telle activité sportive. Vous devrez également présenter parfois une attestation d'assurance responsabilité civile (en cas d'accident).
- À l'université, on vous demandera également de présenter les diplômes (originaux et photocopies) attestant vos études précédentes et, si vous êtes en poursuite d'études, votre ancienne carte d'étudiant. Les inscriptions se font en deux temps : d'abord l'inscription administrative (auprès de l'administration centrale de l'université), ensuite les inscriptions pédagogiques qui se font auprès de l'UFR (unité de formation et de recherche) vers laquelle vous vous orientez. Vous devrez alors constituer un dossier pédagogique qui sera examiné puis accepté ou non par le responsable du niveau L1, L2, L3 (la licence, répartie sur trois années), M1 ou M2 (le master 1 et le master 2 qui couvrent deux années) et D (le doctorat en principe sur trois années) selon le système européen.

POUR FORMULER UNE DEMANDE

- Je souhaiterais avoir / obtenir des informations sur les inscriptions à l'université / à la bibliothèque / au conservatoire / au centre sportif...
- Je voudrais / j'aimerais / je désire m'inscrire au cours de danse orientale/ en première année de licence de lettres / en master 1 de mathématiques.
- Je souhaite déposer un dossier d'inscription au conservatoire de danse.

POUR OBTENIR DES PRÉCISIONS SUR LES DOCUMENTS REQUIS

- Quels documents dois-je vous apporter / présenter / fournir / procurer ?
- Quels documents sont requis / nécessaires ?
- De quels documents dois-je me munir ?
- Quels documents dois-je joindre au formulaire d'inscription ?

POUR DEMANDER DES PRÉCISIONS SUR LES DATES D'INSCRIPTION

- À quelle date les inscriptions ouvrent-elles/sont-elles ouvertes ?
- À partir de quand est-il possible de s'inscrire ?
- Les inscriptions se font à partir de quelle date / quel jour ?
- Quelle est la date limite pour déposer un dossier d'inscription ?

POUR DEMANDER DES PRÉCISIONS SUR LES FRAIS D'INSCRIPTION

- Pourriez-vous m'indiquer le montant de l'inscription ?
- À combien s'élèvent les frais / droits d'inscription ?
- Peut-on s'acquitter des / payer les droits par carte bancaire ?

> ▸ *Comprendre le jargon universitaire*

- **S1 et S2 :** L'année universitaire, de septembre à juin, est divisée en deux semestres, S1 et S2, d'une durée égale, environ 12 à 14 semaines de cours selon les UFR (anciennement appelées faculté, fac). À la fin de chaque semestre ont lieu des examens pour vérifier les connaissances. Les cours suivis sont généralement différents d'un semestre à l'autre.
- **Une UE :** une unité d'enseignement, qui regroupe plusieurs ECUE.
- **Un ECUE :** Un élément constitutif d'une unité d'enseignement, qui couvre une matière spécifique.
- **Un ECTS** (*European Credit Transfer System*) **ou crédit :** c'est le système européen de transfert et d'accumulation de crédits. Une année universitaire est fixée à 60 crédits, soit 30 crédits par semestre d'études. Une licence correspond ainsi à 180 crédits. Ce système facilite la mobilité d'un pays à l'autre et d'un établissement à l'autre.
- **Une équivalence :** D'une UFR à une autre, on peut dans certaines conditions obtenir des équivalences, si les enseignements sont proches. Par exemple, entre une UFR d'anglais et une UFR d'espagnol, les cours de linguistique générale seront très proches.
- **Un TD :** Les travaux dirigés se font en groupes classes et permettent souvent une mise en pratique des savoirs et une participation active des étudiants. Ils complètent les savoirs transmis lors des cours théoriques ou magistraux.
- **Un TP :** les travaux pratiques sont souvent équivalents aux TD.
- **Un CM :** Les cours magistraux sont basés généralement sur la transmission de savoirs du professeur aux apprenants, très proches des conférences. Souvent très théoriques, ils ne permettent pas d'interaction. Ils peuvent se dérouler dans une grande salle ou en amphi (amphithéâtre) d'une capacité permettant d'accueillir jusqu'à 400 étudiants.
- **Le CC :** le contrôle continu représente une évaluation portant sur l'ensemble des travaux du semestre pour un ECUE donné. On fait donc une moyenne des notes obtenues.
- **Le CT :** Le contrôle terminal ou examen final se déroule sous la forme d'un examen unique à la fin du semestre.
- **L'examen de seconde session ou rattrapage :** Il permet de donner une deuxième chance à un étudiant qui aurait échoué au CC ou au CT. Cet examen de rattrapage se déroule généralement fin juin ou, dans certaines universités, en septembre.

1. **Lisez les phrases suivantes et indiquez si elles sont formulées par le demandeur ou par l'employé.**

	Demandeur	Employé
1. Vous devez déposer un dossier au bureau des inscriptions administratives.	☐	☑
2. Le dossier est téléchargeable sur le site web du conservatoire.	☐	☐
3. De quels documents dois-je me munir ?	☐	☐
4. Quelles sont les pièces requises pour l'inscription ?	☐	☐
5. Ils ont lieu le mardi de 18 à 19 heures.	☐	☐
6. Je souhaiterais avoir des informations pour m'inscrire en 1re année de droit.	☐	☐
7. Le montant des droits universitaires s'élève à 350 € pour l'année.	☐	☐
8. Les inscriptions sont ouvertes jusqu'au 1er octobre.	☐	☐
9. Vous devrez vous munir d'une pièce d'identité, d'une photo récente et des photocopies de vos diplômes.	☐	☐
10. Nous ne proposons pas de tarifs dégressifs.	☐	☐
11. Les frais sont à acquitter lors de l'inscription administrative.	☐	☐
12. Pourriez-vous s'il vous plaît m'indiquer les horaires des cours de saxophone ?	☐	☐

2. **Reliez questions et réponses.**

1. *En quoi puis-je vous aider ?*
2. À quel moment les inscriptions ouvrent-elles ?
3. Quels documents dois-je apporter ?
4. Quel est le montant des frais d'inscription ?
5. Proposez-vous des tarifs réduits ?
6. Y a-t-il des conditions particulières pour s'inscrire à une activité sportive ?
7. Quel est l'âge limite pour inscrire un enfant au cours junior ?
8. Quelle est la date limite pour s'inscrire ?

a. Vous devrez faire établir par votre médecin une attestation médicale datant de moins de 3 mois.
b. La clôture des inscriptions a lieu le 15 octobre.
c. Vous devrez vous munir d'une attestation de domicile, d'une pièce d'identité et d'une photo d'identité récente.
d. Il faut avoir moins de 12 ans.
e. Les demandeurs d'emploi et les étudiants bénéficient d'une réduction de 50 % par rapport au tarif normal.
f. Les frais s'élèvent à 220 € pour l'année.
g. *Je souhaiterais avoir des informations sur les inscriptions au cours de violon.*
h. Nous commencerons à prendre les dossiers d'inscription à partir du 8 septembre.

3. **Complétez les phrases avec les expressions suivantes à la forme correcte**

s'acquitter – ~~s'inscrire~~ – fournir – se munir – présenter – télécharger – déposer

✐ *Exemple : Je souhaite* **m'inscrire** *au cours de yoga. Pourriez-vous me donner des informations, s'il vous plaît ?*

1. Mon fils souhaite faire du football. Quels documents devons-nous _____ pour faire son inscription ?
2. Hélène vient de _____ un dossier pour entrer en 1re année de Chimie. Elle attend une convocation avec impatience.
3. Vous pouvez aller sur notre site et _____ la brochure. Vous aurez toutes les informations pratiques.
4. Je souhaite _____ des frais d'inscriptions mais j'ai oublié mon chéquier. Vous acceptez la carte bancaire ?
5. Quels documents faut-il _____ pour s'inscrire au club de randonnée ?
6. N'oubliez pas de _____ d'un certificat médical et d'une quittance de loyer ou d'électricité sinon nous ne pourrons pas prendre votre inscription.

4. **Production orale – Vous appelez la secrétaire du centre sportif de votre ville. Vous demandez des informations sur une activité sportive : les pièces à fournir pour s'inscrire, le montant des frais d'inscription, le nombre de participants au cours, les jours et les horaires des cours.**

5. **Production écrite – Vous envoyez un mail à la chorale de votre ville pour vous informer sur les inscriptions : vous vous présentez, vous formulez votre désir de vous joindre à la chorale puis vous demandez les documents à fournir, les jours et horaires de répétition, le coût de l'inscription.**

DEMANDER DES INFORMATIONS

■ « J'AI RATÉ LE COURS DE GÉO » piste 37

Aurélie : Salut Julien. Hier je n'étais vraiment pas bien et j'ai raté le cours de géo. Qu'est-ce que vous avez fait ?

Julien : Le cours en amphi, c'était sur l'influence du milieu sur la population des zones désertiques de l'Afrique de l'ouest. Le sujet était plutôt intéressant. Le prof a beaucoup parlé du climat, de l'économie, de la densité de population très faible, etc. On sent qu'il maîtrise bien son sujet, d'ailleurs il a écrit un article là-dessus.

Aurélie : Mais c'était comment ?

Julien : Comme d'hab', un cours magistral. Le prof a commenté les diapos de son Powerpoint mais le micro marchait mal et seulement les premiers rangs écoutaient. Au fond de l'amphi, on entendait très mal.

Aurélie : Tu as pris des notes ? Tu pourrais me les passer ?

Julien : Non, je n'ai pas écrit grand-chose. J'essayais d'entendre mais il y avait trop de brouhaha. Mais t'inquiète, tu peux tout retrouver sur l'ENT. Le prof suit très rigoureusement le plan et tu peux même accéder aux diapos du Powerpoint. Ça, c'est super.

Aurélie : Oui, mais il manque tous les exemples qu'il donne pour illustrer. Tu n'as même pas noté les points importants ?

Julien : Non, désolé. Il a fait plusieurs fois référence à son article publié il y a quelques mois dans *Écho-Géo*.

Aurélie : Et le TD, tu y es allé ?

Julien : Non, j'avais un partiel de statistiques à réviser. J'ai bossé avec Louis. Il est super bon en stat.

Aurélie : Bon, on ne peut vraiment pas compter sur toi, alors je vais demander à Marion. Je suis sûre que dans l'amphi, elle était dans les premiers rangs et qu'elle a pris des notes. Et c'est certain qu'elle a aussi assisté au TD. Elle, au moins, c'est une étudiante sérieuse !

◀€ 1. Écoutez le dialogue et complétez la fiche.

Discipline : ☐ économie ☐ géographie ☐ climatologie

Sujet du cours : _____ sur la population des zones désertiques.

Type de cours : ☐ cours magistral ☐ travaux dirigés

Support du cours : ☐ projection de photos ☐ Powerpoint ☐ conférence

Aide aux étudiants :

☐ espace numérique de travail ☐ photocopies des cours ☐ revue spécialisée

2. Répondez aux questions.

1. Qu'est-ce que l'étudiante demande à Julien ? _____

2. Pourquoi n'a-t-il pas pris de notes ? _____

3. Julien a-t-il assisté au TD ? Pourquoi ? ☐ Il était malade. ☐ Il a travaillé avec un autre étudiant.

4. Qu'est-ce que l'étudiante va demander à Marion ? _____

5. L'échange entre les deux étudiants se fait sur un ton : ☐ amical. ☐ formel.

■ *LE COURS D'APPROCHE THÉÂTRALE* piste 38

L'étudiante : Pardon monsieur, est-ce que je peux vous déranger une minute, le temps que vous rangiez votre matériel ?

Le professeur : Bien sûr, en quoi puis-je vous aider ? Mais je ne vous ai jamais vue ; vous n'êtes pas inscrite dans ce cours, si ?

L'étudiante : Non justement. J'aurais dû commencer par là. Effectivement, je ne suis pas inscrite dans votre cours sur l'approche théâtrale dans la classe, mais votre sujet m'intéresse beaucoup. Je suis étudiante en 3ᵉ année de licence d'études anglophones. Je voudrais savoir si vous accepteriez que je suive votre cours en auditeur libre.

Le professeur : Écoutez je suis embarrassé pour vous répondre. D'abord, le TD est déjà très plein ; comme vous pouvez le constater, il y a une trentaine d'étudiants ; et puis nous sommes déjà presque à la moitié du semestre.

L'étudiante : Oui, je sais, mais je n'ai pas pu venir plus tôt. Avant je n'étais pas libre, mais un de mes cours vient de changer d'horaires, donc maintenant, je peux venir. S'il vous plaît, monsieur, j'aimerais tellement assister à votre cours !

Le professeur : Franchement, je comprends bien, mais je ne peux pas vous accepter en surnombre. C'est contraire au règlement. Je vous propose de vous inscrire au semestre 2 : je redonne ce cours au niveau L3 à des étudiants en sciences de l'éducation.

L'étudiante : Ah mais c'est une super nouvelle ! Je ne savais pas. Merci beaucoup, monsieur. J'irai m'inscrire au secrétariat dès que cc scra possible.

Le professeur : Parfait. Alors je vous vois dans quelques mois.

◀€ **1. Écoutez le dialogue et répondez aux questions.**

1. Quelle est la demande de l'étudiante ? _____

2. Pourquoi ne s'est-elle pas inscrite à ce cours ? _____

3. Pour quelles raisons le professeur refuse-t-il ? _____

4. Quelle proposition fait-il à l'étudiante ? _____

◀€ **2. Réécoutez le dialogue puis indiquez si l'échange a lieu dans un registre informel ou formel.**

3. Dans les paroles de l'étudiante, relevez les marques d'insistance ; les marques de politesse.

QUELQUES ABRÉVIATIONS DE DISCIPLINES UTILES À L'UNIVERSITÉ :

Sciences dures
- anat : anatomie
- bio : biologie
- géo : géographie
- math : mathématiques
- archi : architecture
- stat : statistiques

Sciences humaines
 éco : économie
- FLE : français langue étrangère
- philo : philosophie
- psycho : psychologie
- socio : sociologie
- ethno : ethnologie
- sciences po : Sciences politiques

POUR DEMANDER UN SERVICE À UN ÉTUDIANT

Pour réussir un partiel, vous devez travailler / réviser / bosser / bûcher / potasser / bachoter les cours et relire vos notes.

> ▶ *Attention*
> - Les notes correspondent à vos évaluations chiffrées (sur 20 ou sur 100) lors d'un DST (devoir sur table), d'un partiel ou d'un exposé, mais les notes sont aussi les traces écrites que vous prenez pendant le cours.
> - Si vous êtes absent à un cours, vous pouvez dire à un autre étudiant : « *J'ai manqué/loupé/raté ou séché le cours* ».

- Tu pourrais me donner / me passer / me prêter / me filer / tes notes ?
- Tu me laisses regarder / Tu me fais voir / Tu me laisses jeter un œil sur tes notes / ton cours / ton livre / ton article / ta photocopie?
- Je peux photocopier tes notes ? J'ai paumé / perdu les miennes.
- Tu peux m'expliquer ce mot / cette phrase / ce paragraphe ?
- Tu peux me montrer le plan du cours ?
- Tu connais le lien pour accéder à l'ENT (espace numérique de travail) ?
- Tu peux me montrer ton exercice / ton travail / ton devoir ?
- On peut se retrouver à la cafèt' / cafétéria / à la B.U. (bibliothèque universitaire) pour parler du cours / de l'exposé / du dossier ?
- Le prochain DST, c'est sur quoi ?
- On pourrait préparer le dossier / l'exposé ensemble. Ça te dit ?

POUR DEMANDER DE L'AIDE À UN ENSEIGNANT EN FACE-À-FACE

- Pardon monsieur / madame, je n'ai pas pu assister à votre dernier cours.
- Pourriez-vous, s'il vous plaît, me donner les documents que vous avez distribués ? / Pourriez-vous, s'il vous plaît, m'indiquer les sources/les références des derniers documents travaillés en cours ?

- Pardon madame / monsieur, je n'ai pas bien compris une partie de votre cours. Pourriez-vous, s'il vous plaît, m'indiquer un ouvrage à lire pour mieux comprendre ?
- Je dois préparer un exposé sur... Pourriez-vous me conseiller un ouvrage de référence ?
- J'ai des difficultés à prendre des notes, comment pourrais-je m'améliorer ? Je pourrais enregistrer votre cours ?
- Je suis désolé(e), je n'ai pas bien entendu la date du prochain partiel. Pourriez-vous, s'il vous plaît, me dire quand il aura lieu ?
- J'ai un problème car je dois présenter un exposé dans trois semaines, mais j'ai un empêchement. Pourriez-vous me donner une autre date pour faire ma présentation ?
- Je ne comprends pas pourquoi mon devoir / mon dossier a reçu une si mauvaise note. Pourriez-vous, s'il vous plaît, me donner un rendez-vous pour m'expliquer ce que je devais faire ? Je suis inquiet / inquiète.
- Est-il possible de préparer le dossier à plusieurs ?
- C'est un travail collectif ou individuel ?

POUR DEMANDER DE L'AIDE À UN ENSEIGNANT PAR COURRIEL

Il est important de commencer un courriel à un professeur en se présentant ; donnez vos noms et prénoms et indiquez votre année d'études à l'université, éventuellement votre UFR.
- Je m'appelle Robin Dufour et je suis un de vos étudiants en L3 d'histoire contemporaine.
- Je suis Alice Blanchard, votre étudiante en M1 de physique nucléaire.

Formulez ensuite votre demande.
- Je voudrais obtenir un rendez-vous pour parler avec vous de mon stage / de mon rapport de stage / de mon projet de mémoire / de mon projet professionnel. Pourriez-vous, s'il vous plaît, m'indiquer quand ce serait possible de vous rencontrer ?
- J'aimerais vous rencontrer pour vous parler d'un problème en rapport avec mon cursus.
- Je souhaiterais avoir / bénéficier de vos conseils concernant mon projet de changement d'orientation.
- J'ai des difficultés à suivre votre cours et j'aimerais en parler avec vous. Pourriez-vous m'accorder un entretien ?
- J'aimerais que vous soyez mon responsable de mémoire. Serait-il possible que je vous rencontre pour en parler ?

1. **À qui s'adresse-t-on ? Indiquez si c'est à un professeur ou à un étudiant ?**

	Professeur	Étudiant
1. J'ai perdu mes notes d'éco, qui pourrait me passer les siennes ?	☐	☑
2. Pourriez-vous s'il vous plaît m'accorder un entretien ? Je voudrais vous parler de mon projet de mémoire.	☐	☐
3. Qu'est-ce qu'il faut réviser pour le prochain DST ?	☐	☐
4. Je n'ai rien compris au dernier cours de stat ; tu pourrais m'expliquer ?	☐	☐
5. Le dernier ouvrage de Dubois n'est pas à la BU. Tu pourrais me prêter le tien ce week-end ?	☐	☐
6. Tu sais quand on aura le partiel ?	☐	☐
7. Je m'intéresse à la question du …... Pourriez-vous m'indiquer une bibliographie sur ce sujet ?	☐	☐
8. Je suis désolée mais je ne pourrai pas rendre mon dossier lundi. J'ai des ennuis personnels. Pourriez-vous s'il vous plaît m'accorder un délai supplémentaire ?	☐	☐
9. Le prochain partiel portera sur quoi ? Vous pourriez préciser s'il vous plaît ?	☐	☐
10. Pourriez-vous nous indiquer la date des partiels ?	☐	☐

2. **Complétez les phrases avec les mots suivants à la forme correcte.**

partiel – examen – rapport – rattrapage – DST – mémoire – exposé

✏ *Exemple : Pourriez-vous nous communiquer la date de l'**examen** de fin de semestre ?*

1. Je dois préparer un _____ sur les rapports sociaux au XIXe siècle en France. Je vais chercher des documents à la B.U.

2. Marion a eu une mauvaise note à son dernier _____ . Pourtant elle l'avait bien révisé.

3. Paul a raté le contrôle continu du cours de socio. Il doit passer l'examen de _____ en janvier.

4. Je n'ai pas beaucoup de temps ; j'ai rendez-vous avec mon professeur pour définir le sujet de mon _____ de fin d'année.

5. Lucile a un _____ lundi prochain et elle va passer son week-end à bûcher.

6. Léonie vient de finir son stage en entreprise et maintenant elle doit commencer à rédiger le _____ de stage.

3. **Reliez les éléments pour faire des phrases**

1. *Pour avoir plus de chances de réussir son DST de lundi*
2. Noémie n'a pas obtenu de bonnes notes à son CC
3. Je n'ai pas cet ouvrage chez moi alors
4. Tu pourrais me passer le lien de l'ENT
5. J'ai raté le dernier cours de bio
6. J'ai paumé mes notes
7. Qu'est-ce qu'on doit réviser

a. elle doit passer l'examen de rattrapage.
b. je dois aller travailler à la B.U.
c. tu pourrais me filer tes notes ?
d. je peux prendre les tiennes pour les photocopier ?
e. il faut que je me connecte pour avoir les derniers supports de cours.
f. pour le prochain partiel ?
g. *Nicolas a prévu de bûcher tout le week-end*

4. **Que pouvez-vous dire dans les situations suivantes ?**

✏ *Exemple : À un professeur ; vous avez séché le dernier cours.*

« *Je suis désolé, je n'ai pas pu assister à votre dernier cours car j'ai eu un empêchement.* »

1. À un professeur/ vous n'avez pas bien compris une partie du cours

_____

2. À un étudiant/ Vous avez rêvé pendant le cours et vous n'avez rien écrit.

_____

3. À un étudiant/ vous ne savez pas quand est le prochain partiel

_____

4. À un professeur/Vous demandez des références de livres

_____

5. À un professeur/ Vous demandez un rendez-vous

_____

6. À un professeur/ Vous demandez de l'aide pour trouver un stage

_____

5. **Production orale – Vous êtes étudiant en L3 de sciences de l'éducation. Vous demandez un rendez-vous à votre professeur responsable pour un conseil sur le choix d'un stage. Vous lui expliquez votre projet, le lieu du stage, l'entreprise et la durée. Vous précisez ce que l'entreprise attend de vous. Il vous pose des questions et vous conseille.**

20

DÉPOSER UNE PLAINTE, UNE RÉCLAMATION

■ *QUELLE DÉCEPTION !* piste 39

L'employée : Agence Bel été, bonjour. Que puis-je faire pour vous ?
Le client : Bonjour madame. Je suis Pierre Leroux. J'ai loué par votre agence une maison à Trestel du 2 au 16 juillet.
L'employée : Oui, je vois très bien monsieur Leroux. Tout se passe bien ?
Le client : Pas vraiment. Ma femme et moi nous sommes très déçus par la maison.
La chambre est minuscule et il n'y a pas de placards ; on ne peut même pas défaire nos valises. La cuisine n'est pas bien équipée, contrairement à ce qui était annoncé sur votre site : il n'y a pas de lave-vaisselle et pas de four.
L'employée : Oui, mais vous avez demandé une maison de caractère, c'est une authentique maison bretonne. Elle est magnifique, non ?
Le client : Bon, je vous l'accorde, le bâtiment est beau, mais le salon est au nord, il est sombre et il y fait froid.
L'employée : C'est vrai que vous n'avez pas de chance avec le temps, pourtant vous avez un beau soleil. Nous avons eu des étés plus chauds, vous savez. Mais ça, on n'y peut rien et je le regrette. Heureusement vous avez une vue magnifique sur la mer et le jardin est très agréable. Je suis sûre que vous adorez la tempête.
Le client : Écoutez, je ne suis pas particulièrement sensible au spectacle de la mer en furie. Simplement, nous aimerions avoir chaud dans la maison et je trouve que vos tarifs sont excessifs : 900 euros par semaine pour une maison si peu confortable, c'est malhonnête.
L'employée : Attendez Monsieur Leroux, pour vous dédommager, l'été prochain, je vous propose une maison moderne et très confortable avec une réduction de 15 pour cent sur le prix de la location. Et je vous fais livrer cet après-midi un radiateur d'appoint.
Le client : Je vous remercie pour le chauffage mais voyez-vous, Madame, je pense que l'été prochain nous irons en Corse. C'est peut-être moins authentique, mais sûrement moins rude ; au moins, là-bas on aura la chaleur.

◀€ 1. Écoutez le dialogue et cochez les bonnes réponses.

	Vrai	Faux
1. Le client a loué une maison pour le mois d'août.	☐	☐
2. La maison est très confortable.	☐	☐
3. La vue sur la mer est magnifique.	☐	☐
4. Il fait beau et chaud.	☐	☐
5. Le prix de la location est très élevé.	☐	☐
6. L'employée de l'agence va lui apporter un chauffage supplémentaire.	☐	☐
7. Elle lui fait une proposition pour l'été prochain.	☐	☐
8. Il passera ses vacances dans une région plus chaude l'été prochain.	☐	☐

◀€ 2. Réécoutez le dialogue et répondez aux questions.

1. Le ton de l'échange est :   ☐ amical.   ☐ familier.   ☐ distant.   ☐ soutenu.
2. Quels mots les personnes utilisent-elles pour montrer leur accord ? leur désaccord ?
3. Retrouvez dans le dialogue le verbe qui signifie trouver une solution de compensation.

■ *DISPARITION DE VOITURE* piste 40

(Au commissariat.)

Le policier : Bonjour, madame, en quoi puis-je vous aider ?

La femme : Bonjour monsieur. Voilà, je suis à Étretat pour le week-end. Hier soir j'ai garé ma voiture devant l'appartement que j'ai loué et, ce matin, elle n'y est plus. On me l'a volée pendant la nuit…

Le policier : Vous n'aviez pas oublié les clés sur le contact ? Elle était bien fermée ?

La femme : Bien sûr, regardez j'ai les clés.

Le policier : Bon, nous allons faire une déclaration de vol. D'abord, donnez-moi vos nom, prénom, domicile, ainsi que la marque, le modèle, la couleur et la date de mise en circulation de votre véhicule.

La femme : Vous croyez qu'on va la retrouver ? C'est une catastrophe pour moi… Je m'appelle Sophie Magnan, j'habite 25 rue Léon Blum à Levallois-Perret, 92300. Ma voiture est une Dinga bleue modèle DXT. Elle est très jolie et je l'adore. Elle date de janvier 2015.

Le policier : Vous pouvez me dire où vous l'avez stationnée hier soir et vers quelle heure ?

La femme : Juste devant la maison, 8 rue des Fleurs. Je l'ai garée vers 19 heures.

Le policier : Rue des fleurs vous dites ? Mais hier soir, vous n'avez pas vu les panneaux d'interdiction de stationnement ? La rue devait être libérée dès 22 heures pour la brocante de ce matin.

La femme : Ah, c'est vrai que ce matin il y avait plein de stands. J'ai même trouvé un ravissant chemisier pour 3 €, une affaire !

Le policier : Bon, madame Magnan, votre voiture n'a pas été volée. Je vous rassure. On l'a enlevée car elle gênait.

La femme : Mais alors, elle est où ? Je peux la reprendre aujourd'hui ?

Le policier : Elle est ici, derrière, dans la cour du commissariat. Mais pour la récupérer, vous devez payer une amende de 50 €.

La femme : Oh merci monsieur ! Je suis tellement contente de l'avoir retrouvée ! Finalement, mon petit chemisier me revient très cher, mais tant pis.

Le policier : Vous avez de la chance que votre voiture n'ait pas été enlevée très loin. À l'avenir, vous devrez être plus respectueuse de la signalisation routière, madame.

◀ 1. Écoutez le dialogue et répondez aux questions.

1. Pour combien de temps la femme est-elle à Étretat ? _____

2. Comment est-elle venue ? _____

3. Que s'est-il passé dans la nuit ? _____

4. Pourquoi est-elle au commissariat de police ? _____

5. Que se passe-t-il rue des Fleurs ce matin-là ? _____

6. Où se trouve sa voiture le matin ? _____

7. Quel conseil le policier donne-t-il à la femme ? _____

◀ 2. Réécoutez le dialogue et cochez bonnes réponses.

1. Les deux personnes : ☐ se connaissent. ☐ ne se connaissent pas.

2. Le ton du policier est : ☐ familier. ☐ standard. ☐ formel. ☐ informel.

3. Comment la femme exprime-t-elle son enthousiasme ?

POUR FAIRE UNE RÉCLAMATION :

Les réclamations se font à l'oral ou plus souvent par lettre, afin de conserver une trace écrite. Auprès d'une entreprise commerciale ou d'un particulier, on va décrire les faits et demander un dédommagement, soit par un remboursement d'une partie des frais engagés (payés), soit par un avoir (somme créditée pour une prestation ou un achat futur).

Pour un achat défectueux, une location non conforme

• Je ne suis pas satisfait par/de l'article que j'ai acheté/commandé sur Internet.

• La maison/la voiture que vous nous avez louée n'est pas conforme à ce qui était annoncé dans le contrat / au descriptif donné par votre site.

• Je suis très déçu par vos services et je voudrais obtenir un dédommagement/un remboursement partiel pour la location de…

• Je ne suis pas satisfait de votre article (modèle et marque) acheté le (date) et je souhaite vous le renvoyer et obtenir un remboursement intégral / total de son coût.

• Votre article ne fonctionne pas et j'attends que vous me le remplaciez au plus vite. Je vous retourne par colis postal votre article défectueux.

Pour un service non adapté

• *À la banque :* Ma carte bancaire n° *XXX* a été avalée le (date) par le distributeur situé 12 rue des Pyramides et je demande la restitution de ma carte.

• Ma carte bancaire m'a été volée et je souhaite faire opposition. Je suis madame / monsieur (nom prénom, adresse) et mon numéro de carte est le *XXX*.

• *À l'agence EDF :* J'ai reçu ma dernière facture EDF et je vous demande de vérifier le montant qui me semble excessif. Mon numéro de compte est le *XXX* et je suis Mme Véronique Le Goff, domiciliée au…

• *Dans un restaurant :* J'ai dîné hier soir dans votre restaurant (nom, adresse) et je suis très mécontent(e) du serveur. Il a été désagréable, nous a apporté nos plats froids… Je demande un dédommagement.

• *Au téléphone avec un service public (mairie, préfecture, La Poste) :* Depuis une heure, j'essaie d'appeler le service des inscriptions en crèche. À trois reprises, la communication a été coupée. Je suis excédée. Pourriez-vous me donner la ligne directe de ce service ?

• *Chez le teinturier :* Je vous ai apporté mon manteau à nettoyer mais, quand je l'ai récupéré, je me suis aperçu(e) en rentrant chez moi que la doublure avait été déchirée. Je vous demande de prendre à votre charge les frais correspondant à la réparation de la doublure.

• *Chez le cordonnier :* Mes chaussures ne sont pas réparées alors que je vous les ai déposées la semaine dernière. J'exige que vous les finissiez pour demain matin.

• *À l'agence de télécommunication :* Je suis très fâché car mon téléphone fixe fonctionne très mal. La ligne grésille et c'est pratiquement impossible de correspondre. Pourriez-vous m'envoyer au plus vite un technicien pour faire le nécessaire ? Si vous ne le faites pas dans les meilleurs délais, je vais changer d'opérateur.

POUR DÉPOSER UNE PLAINTE AUPRÈS D'UN SERVICE DE POLICE

Au commissariat de police, on peut déposer une plainte qui enregistre les faits et les circonstances, le nom du plaignant (ou de la victime) et le nom de la personne contre qui on porte plainte.

On peut aussi enregistrer une main courante, qui permet de garder une trace écrite d'une situation qui vous concerne. Ce pourra être le début d'une future plainte.

Contre un voisin

• Je désire porter plainte contre M. / Mme X, qui est un(e) voisin(e) très bruyant(e) pendant la nuit / qui fait du tapage nocturne : il/elle écoute de la musique après minuit et invite ses amis presque tous les soirs.

• Je souhaite déposer une plainte contre mon/ma voisin(e), qui place tous les soirs ses ordures devant la porte de mon garage, ce qui m'empêche de garer ma voiture.

Contre un propriétaire

• Je voudrais déposer une plainte contre mon propriétaire qui souhaite m'expulser de mon appartement sans motif et sans préavis. J'ai un bail de trois ans renouvelables et j'habite dans cet appartement depuis un an et demi.

POUR FAIRE UNE DÉCLARATION DE PERTE OU DE VOL

Pour faire une déclaration de perte ou de vol, l'employé de police vous demandera vos nom, prénom, domicile et les circonstances du vol ou de la perte : la date, l'heure, le lieu précis. On vous demandera également de décrire l'objet (la couleur, la taille, la matière) et son contenu détaillé.

• On m'a volé mon sac dans la rue ce matin et je voudrais faire une déclaration de vol. Un homme est passé près de moi en scooter sur le trottoir et il m'a arraché mon sac. Il avait un casque, donc je ne l'ai pas vu. C'est un sac marron en cuir, plutôt grand. Dedans il y a mon portefeuille, mes clés d'appartement, une trousse de maquillage, un livre, mon parapluie…

• J'ai perdu hier soir en sortant de ma voiture mon portefeuille et je voudrais faire une déclaration de perte. Mon portefeuille est en cuir rouge assez grand. À l'intérieur, il y ma carte d'identité, mon permis de conduire et ma carte bancaire plus 90 euros et de la monnaie.

1. **a. Lisez ces phrases et indiquez si elles correspondent à une plainte ou à une réclamation.**

	Plainte	Réclamation
1. *Je vous ai déposé lundi dernier mes chaussures pour les ressemeler. Elles devaient être prêtes aujourd'hui et vous ne les avez pas faites. Je suis très mécontente, car j'en ai impérativement besoin demain matin.*	☐	☑
2. Un garçon a renversé ma fille dans la cour de l'école et elle saigne du nez. Je tiens à rencontrer la directrice de l'école pour faire punir cet enfant brutal.	☐	☐
3. J'ai commandé sur votre site un lot de casseroles il y a quinze jours, mais le colis n'est jamais arrivé. J'exige que vous me remboursiez mon achat.	☐	☐
4. J'exige le remboursement de la totalité du montant versé : nous avions commandé des placards de cuisine gris et non pas blancs comme vous nous les avez livrés.	☐	☐
5. Une femme m'a bousculée dans le métro, je suis tombée sur le quai et je me suis fait une fracture au bras. Je voudrais porter plainte contre X. Cela peut servir pour mon assurance.	☐	☐
6. Jeudi dernier, j'ai acheté cette robe en taille 40, mais vous m'avez donné le modèle en 38. Je vous demande de faire un échange.	☐	☐
7. Madame, je crois que vous vous trompez : vous me rendez la monnaie sur 10 € alors que je vous ai donné un billet de 20 €. Je vous prie de me donner les 10 € qui manquent.	☐	☐
8. Monsieur, ce n'est pas moi qui ai pris la trousse de Lou. C'est Augustin !	☐	☐
9. J'exige que vous me changiez mon téléphone qui est encore sous garantie. Il marche très mal.	☐	☐
10. Je voudrais vous parler de la gardienne qui ne fait pas bien le ménage dans les escaliers. C'est insupportable !	☐	☐
11. Cette location ne nous convient pas du tout, il manque deux couchages. Nous exigeons que vous nous trouviez un appartement avec deux chambres.	☐	☐

b. Reprenez chacune des phrases précédentes et indiquez à qui elles peuvent s'adresser et dans quelle situation elles ont pu être formulées.

1. _____
2. _____
3. _____
4. _____
5. _____
6. _____
7. _____
8. _____
9. _____
10. _____
11. _____

2. **Complétez les phrases avec les mots suivants.**

livraison – échange – avoir – réduction – dédommagement – réclamation – plainte – ~~commande~~

✎ *Exemple : Ma sœur a fait une **commande** de linge de maison sur un site spécialisée et elle est ravie de son achat.*

1. Je suis très mécontente, les délais de _____ de ma commande sont très lents. Vous ne respectez pas vos engagements et je vais porter _____ auprès de la défense des consommateurs.

2. Alix vient d'aller au bureau de poste : elle attendait un courrier en recommandé, mais elle a fait une _____ car il n'est toujours pas arrivé.

3. J'ai acheté des chaussures samedi dernier mais elles ne me vont pas du tout. Heureusement je peux faire un _____ pendant deux semaines à condition de ne pas les avoir portées.

4. J'ai demandé une _____ de 50 € sur le prix de cette table car elle a un petit défaut sur un pied. Je suis contente, car je ne l'ai payée au final que 150 €.

5. La livraison de mon aspirateur est arrivée avec deux semaines de retard. Comme _____, le magasin m'offre un _____ de 25 € sur un prochain achat.

3. **Production orale.**

a. Vous avez acheté par Internet un pull, mais il y a une erreur et la taille n'est pas bonne. Vous téléphonez au service clients pour demander un échange ou un remboursement.

b. Votre voisin claque la porte à minuit quand il rentre chez lui. Téléphonez-lui pour expliquer votre problème et lui demander d'être plus respectueux du voisinage

▪ BILAN 4

1. **Recherche d'emploi**

a. Réécrivez en langage soutenu cette présentation :

« Moi, c'est Louis Monge, je loge à Paris 15e. Je vis seul et j'ai 26 ans. J'ai fait une formation de peintre en bâtiment. Je n'ai pas de travail et j'en cherche »

_____

_____

b. Réécrivez cette présentation en langage standard :

« Je me nomme Delphine Lerouge. Je suis domiciliée à Vincennes, 31 rue du Bois. J'ai 32 ans et je suis mariée, mère de deux enfants. J'ai fait des études d'infirmière et j'ai obtenu mon diplôme en 2007. J'ai arrêté de travailler en 2010 pour m'occuper de mon premier enfant et maintenant je souhaite reprendre une activité professionnelle. »

_____

_____

_____

2. **Parler de son parcours professionnel – Remettez ces informations dans l'ordre.**

a. - En 2009, j'ai décroché un poste de rédacteur au journal L'Étudiant. → . . . . . .

b.- Je tiens une chronique régulière sur le logement étudiant depuis 2010. → . . . . . .

c.- J'ai obtenu un bac littéraire en 1998 à Roubaix. → 1

d.- J'ai fait une licence de lettres modernes à Lille. → . . . . . .

e.- En 2002, j'ai choisi de faire une école de journalisme à Paris. → . . . . . .

f.- Mes études de journalisme ont duré quatre ans, jusqu'en 2006. → . . . . . .

g.- À la fin de ma licence je me suis réorienté. → . . . . . .

h.- De 2006 à 2008, j'ai fait plusieurs stages, l'un radio à RFI puis au magazine L'Express. → . . . . . .

3. **Dans les administrations – Reliez les questions et les réponses correspondantes.**

1. _Je souhaiterais obtenir un rendez-vous avec Mme Crion_

2. Quels documents dois-je vous présenter ?

3. Pourriez-vous m'indiquer le bureau de M. Ledoux.

4. Je vous ai adressé ma demande par mail.

5. Nous aimerions rencontrer le directeur du service.

6. Je souhaiterais assurer mon véhicule. Quels documents sont requis ?

7. J'ai rendez-vous à 10 h 15 avec M. Meunier.

8. Bonjour, je voudrais parler à M. Roux, s'il vous plaît.

a. C'est tout droit au fond du couloir, à gauche.

b. Votre permis de conduire, la carte grise du véhicule suffiront.

c. C'est de la part de qui ?

d. _Elle pourrait vous recevoir le jeudi 22 mars à 14 h 45. Ça vous conviendrait ?_

e. Désolée, mais il est actuellement en réunion. Je peux vous organiser un rendez-vous si vous voulez.

f. Je vous prie de patienter dans la salle d'attente. Il va venir vous chercher.

g. Vous devez vous munir d'une pièce d'identité et d'une attestation de domicile.

h. En effet, mais vous n'avez pas joint les pièces requises, donc votre dossier est incomplet.

▪ BILAN 4

4. **Au téléphone avec une administration – Complétez ces courts échanges téléphoniques avec les expressions suivantes.**

ne quittez pas – je vous la passe – sa ligne est occupée – pourriez-vous rappeler plus tard – souhaitez-vous laisser un message ? – c'est de la part de qui ?

1. – Bonjour, je voudrais parler à Nicolas Bouvier.

   – *C'est de la part de qui ?*

   – Antoine Prein.

   – Désolée, _____ .

   – Merci, je rappellerai plus tard.

2. – Allô, bonsoir, je souhaite parler à Véronique Leguern.

   – Désolée, elle vient de sortir. _____ ?

   – Non merci, je vais l'appeler sur son portable.

3. – Bonjour, pourriez-vous me passer la ligne d'Alex Fort ?

   – Désolé, c'est occupé. _____ .

4. – Bonjour, je voudrais parler à Mme Dubois.

   – _____ , _____ .

   – Merci bien.

5. **À la fac – Complétez les phrases avec les expressions suivantes à la forme correcte.**

diplôme – cursus – année – licence – inscription – droits – économie -

✐ *Exemple : Mon fils est en train de remplir son dossier d'**inscription** en ligne pour entrer dans une école d'ingénieur.*

1. Madeline a obtenu son _____ de puéricultrice en juin et elle commence à chercher du travail dans une crèche.

2. Arthur s'est d'abord inscrit en fac d'_____ mais, quand il est arrivé en deuxième année de _____ , il a choisi de se réorienter vers la géographie.

3. Pourriez-vous m'indiquer le montant des _____ à payer pour l'année universitaire ?

4. Ma fille hésite entre un _____ court et des études plus longues. Je crois qu'elle voudrait vivre rapidement avec son ami.

5. Il lui a fallu deux ans pour passer en deuxième _____ de licence d'anglais. Je crois qu'il n'est pas fait pour les études !

6. **Formulez une demande à un étudiant ou à un professeur**

✐ *Exemple : À un professeur, demander des précisions sur un sujet. → « **S'il vous plaît monsieur, je cherche des documents sur le sujet que vous avez indiqué mais je ne trouve rien. Vous pourriez me recommander un ouvrage ?** »*

1. À un professeur, s'excuser pour l'absence au dernier cours. _____

2. À un étudiant, emprunter des notes de cours. _____

3. À un professeur, préciser la date du prochain devoir sur table. _____

4. À un professeur, demander un rendez-vous pour choisir un sujet de mémoire. _____

5. À un étudiant, préparer un dossier à deux. _____

■ *L'ÉGALITÉ DES SEXES* piste 41

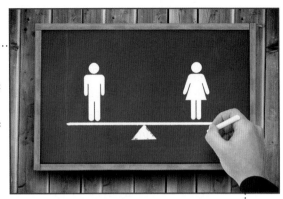

(Deux jeunes collègues à la pause-café.)

L'homme : Bonjour Léonie, ça se passe bien avec ton nouveau responsable ?

La femme : Écoute, jusqu'à présent, il me semble plus humain que M. Lefèvre. Il a décidé de laisser partir les mères de famille un peu plus tôt le soir en échange d'une pause-déjeuner plus courte. Moi je trouve ça plutôt sympa. Et il nous accorde la possibilité de manger un sandwich au bureau si on veut gagner du temps.

L'homme : Ça, c'est bien pour les femmes de la boîte, mais les hommes qui ont leurs enfants à charge une semaine sur deux comme moi, ils auront les mêmes avantages ?

La femme : Écoute Damien, tu ne travailles pas dans mon service, donc tu n'es pas concerné mais tu peux toujours faire une demande auprès de ton responsable de service. Et pour une fois qu'on donne aux femmes quelques avantages, je ne vais sûrement pas me plaindre.

L'homme : Je te comprends mais je crois que les femmes dans l'entreprise sont déjà prioritaires pour choisir leurs congés en fonction des vacances scolaires, non ?

La femme : Oui c'est vrai, mais cette décision a été prise il y a plusieurs années et il est hors de question de la remettre en cause. Vous les hommes, vous êtes souvent mieux payés avec les mêmes qualifications et vous avez les postes à responsabilités, alors ça suffit. Et puis tu sais bien qu'on embauche plus d'hommes que de femmes dans l'entreprise, parce qu'ils redoutent les congés maternité et les absences pour enfants malades.

L'homme : Allez, Léonie, ne t'énerve pas. Tu as raison sur ce point. Je n'ai rien contre toi, mais tu pourrais comprendre que parfois on se sente un peu pénalisés.

La femme : Et pourquoi pas brimés tant que tu y es ? Arrête, tu m'énerves. Changeons de sujet, je n'ai pas envie de me fâcher avec toi. J'ai fini mon café, je remonte.

L'homme : On déjeune ensemble à 13 heures ? Je t'invite.

La femme : Je vois, tu essaies de faire pardonner tes propos sexistes ? Impossible aujourd'hui, mais c'est d'accord pour demain. Salut Damien.

◀€ 1. Écoutez le dialogue et cochez les bonnes réponses.

	Vrai	Faux
1. Les deux personnes travaillent dans le même service.	☐	☐
2. Le nouveau responsable de Léonie accorde certains avantages aux femmes de son service.	☐	☐
3. Les femmes finiront plus tard leur travail.	☐	☐
4. Elles auront le droit de déjeuner au bureau.	☐	☐
5. Il y a moins de femmes aux postes de direction.	☐	☐
6. L'homme trouve que les femmes ont peu d'avantages.	☐	☐

◀€ 2. Réécoutez et répondez aux questions.

1. Les deux personnes : ☐ sont proches. ☐ sont distantes. ☐ se connaissent mal.
2. Quelles expressions emploient-elles : pour donner leur opinion ? pour marquer leur accord ? leur désaccord ?

■ SOIRÉE ÉLECTIONS piste 42

(19 h 50, dans un salon, autour de la télévision, quatre personnes d'une quarantaine d'années.)

Élise : Alors les résultats, c'est bientôt ? Qui sera notre nouveau président ?

Nicolas : Ah ça t'intéresse maintenant alors que tu n'es même pas allée voter ?

Élise : C'est vrai et je n'ai pas de regret parce qu'aucun des deux candidats ne me plaisait. Leur programme n'était pas assez social à mon goût. Mais il y en a quand même un que ça m'ennuierait de voir passer.

Karim : Eh bien moi, j'aurais bien aimé voter, mais comme je n'étais pas inscrit, je n'ai pas pu. Tu aurais dû voter pour moi, Élise.

Adèle : Attendez, voilà les résultats. Silence !

Nicolas : Roger Leroux. C'est lui, on peut être rassurés.

Élise : C'est vrai, on l'a échappé belle. Pourtant, moi, il ne m'a pas convaincue. Je ne le trouve pas cohérent, mais l'autre aurait été pire.

Nicolas : Tu critiques alors qu'il n'a jamais été au gouvernement. Faisons-lui confiance et laissons-lui le temps de prendre sa place.

Adèle : Tu as raison, Nicolas. Moi j'ai voté pour lui et je suis d'accord avec les grandes lignes de son programme.

Karim : Sincèrement, je trouve qu'il ne s'est quand même pas beaucoup engagé sur la politique vis-à-vis des migrants, mais l'autre avait une position tellement excessive que je suis plutôt content que Leroux soit élu.

Nicolas : Je propose qu'on porte un toast au nouveau président et surtout à nous parce que, même si ça ne change pas beaucoup en France, on restera les meilleurs copains !

Élise : Ça, c'est bien parlé !

◀ 1. Écoutez le dialogue et répondez aux questions.

1. À quel moment se passe cette conversation ? _____

2. Les personnes sont-elles d'accord sur les candidats? _____

3. Combien de personnes n'ont pas voté ? Pourquoi ? _____

4. Les personnes qui ont voté sont-elles favorables au nouveau président ? _____

5. Notez les informations sur le candidat rejeté.

6. Que propose Nicolas après l'annonce du résultat ? _____

◀ 2. Réécoutez le dialogue et indiquez :

• le lien entre les quatre personnes : _____

• le ton de leur conversation : _____

• la façon de donner un avis. _____

• la façon d'exprimer un accord. _____

• la façon d'exprimer un désaccord. _____

POUR DEMANDER UN AVIS/UNE OPINION

• Qu'est-ce que tu penses de cette personne ?

• À ton avis, est-ce que c'est intéressant / bien ?

• Qu'est-ce que tu dis de ça ?

• Qu'est-ce que tu en penses ?

• Tu crois que ça en vaut la peine ?

• J'aimerais bien avoir ton avis / ton opinion sur ce sujet.

POUR EXPRIMER SON OPINION

Toutes ces expressions sont suivies d'une phrase à l'indicatif.

• À mon avis / Selon moi / Pour moi, c'est la meilleure solution.

• Je trouve que / Je pense que / Je crois que les choses vont évoluer dans le bon sens.

• Il me semble que / je suppose que nous aurons plus d'avantages.

• Je suis certain(e) que / sûr(e) que / convaincu(e) que notre avenir sera meilleur.

• J'ai l'impression que / le sentiment que vous allez dans le bon sens.

• J'ai dans l'idée que / j'imagine que ça fonctionnera mieux.

> ▶ *Attention*
>
> Certaines de ces phrases **à la forme négative** seront suivies du **subjonctif présent** pour exprimer le doute.
>
> • *Je ne trouve pas que / Je ne pense pas que / Je ne crois pas que les choses **évoluent** dans le bon sens.*
>
> • *Il ne me semble pas qu'on **ait** plus d'avantages.*
>
> • *Je ne suis pas certain(e) / sûr(e) / convaincu(e) que notre avenir **soit** meilleur.*
>
> • *Je n'ai pas l'impression / le sentiment que vous **alliez** dans le bon sens.*

POUR MANIFESTER SON ACCORD, POUR ACQUIESCER

• Absolument ! / Tout à fait ! / Bien sûr ! / Évidemment ! / Bien entendu !

• Je suis (tout à fait) d'accord avec toi.

• Je pense comme toi.

• Je suis de ton avis.

• Tu as (parfaitement) raison.

• C'est vrai. / C'est évident. / C'est incontestable. / C'est indéniable.

• Nous sommes du même avis.

• Je partage ton avis / ton opinion.

• Je te l'accorde. (*plus soutenu*)

POUR MANIFESTER SON DÉSACCORD

• Absolument pas ! / Pas du tout ! / Bien sûr que non !

• Je ne suis pas (du tout) d'accord avec toi.

• Je crois que non / que tu fais erreur /que tu as tort.

• Je ne trouve pas / Je ne pense pas que ce soit bien.

• Il me semble que tu te trompes / que tu fais fausse route.

• C'est inexact. / C'est faux. / Ce n'est pas vrai. / C'est contestable.

• Je ne vois pas les choses comme toi / de cette façon / ainsi.

• Je ne partage pas ton avis / ton opinion.

POUR EXPRIMER SA DÉSAPPROBATION

• Tu ne devrais pas prendre les choses ainsi.
• À ta place, je ne dirais pas ça.
• Tu exagères !

POUR REFUSER DE DONNER UNE OPINION

• Je n'en ai aucune idée.
• Ça ne me concerne pas./Ça ne me regarde pas.
• Je ne me sens pas concerné./Ça ne m'intéresse pas.
• Je n'en sais rien./Je n'ai rien à dire à ce sujet.
• Ce n'est pas mon histoire / mon problème.
• À toi de voir./Je m'en moque./Je m'en fiche.
• Je ne me prononce pas. (*formel*)

1. **Lisez ces phrases et classez-les.**

1. J'aimerais bien avoir ton avis.
2. Je n'en pense rien.
3. Ils ne sont pas d'accord avec Louise.
4. À vous de voir.
5. Je partage tout à fait ton opinion.
6. Il me semble que tu fais erreur.
7. Tu crois que ça en vaut la peine ?
8. C'est évident.
9. Je n'ai pas d'idée sur la question.
10. Je pense que non.
11. Je vous l'accorde.
12. Je suis entièrement d'accord avec vous.

• Demander un avis : **1**, _____
• Donner son avis : _____
• Exprimer son accord : _____
• Exprimer son désaccord : _____
• Refuser de s'exprimer : _____

2. **Demander un avis – Reliez les éléments pour faire des phrases complètes.**

1. *J'aimerais bien*   a. avoir ton avis là-dessus.
2. Vous pourriez me donner   b. votre opinion sur le sujet ?
3. Je voudrais bien   c. que ça en vaut la peine ?
4. Tu penses   d. ce que tu penses de ça.
5. Qu'est-ce que   e. ça peut marcher ?
6. À ton avis   f. vous en dites ?
7. Dis-moi   g. *savoir ce que tu en penses.*

EXPRIMER SON OPINION

3. **Exprimer son accord – Soulignez les expressions qui conviennent.**

✏ *Exemple : Je* <u>*partage*</u>*/me trompe ta façon de voir la situation*

1. Je suis entièrement/pas du tout d'accord avec vous.

2. Absolument/Bien sûr que non, tu as raison.

3. Je ne vois pas les choses ainsi, / Évidemment, je vous donne raison.

4. Elle est totalement convaincue / opposée à ce que vous proposez.

5. On a le même avis / des opinions divergentes.

4. **Exprimer son désaccord – Complétez les phrases avec les mots suivants :**

opinions – tort – accord – contestable – erreur – ~~route~~

✏ *Exemple : Attention Jules, réfléchis bien ; je pense que tu fais fausse* **route**.

1. Je pense que tu as _____ . Tu devrais revoir ta façon de voir la situation.

2. Marion n'est pas du tout d'_____ avec moi pourtant je pense avoir raison.

3. Nous ne partageons pas les mêmes _____ mais on arrive à discuter sans se fâcher.

4. Je n'aime pas sa façon de voir les choses. Sa position est à mon avis très _____ .

5. Je crains que vous fassiez _____ . Vous devriez examiner de nouveau ce dossier.

5. **Production orale – Imaginez des dialogues pour les situations suivantes.**

1. L'interdiction de fumer dans les cafés : A est contre, B est pour, C n'a pas d'avis sur la question.

2. Le port du voile à l'université : A est pour, B aussi, C est contre.

3. L'examen du baccalauréat en contrôle continu : A et B sont pour, C est contre.

4. Le tri sélectif des ordures : A est pour, B est contre, C n'a pas d'opinion.

5. La prochaine interdiction de circuler dans les grandes villes pour les véhicules diesel : A est contre, B et C sont pour.

CONTESTER, NIER, INSISTER

■ L'ENGAGEMENT ÉTUDIANT piste 43

Baptiste : Salut Chloé, tu rentres chez toi ?

Chloé : Non, je vais à mon asso. Je donne des cours d'alphabétisation à des migrants. J'y vais deux soirs par semaine.

Baptiste : Ah bon. Une façon de te donner bonne conscience quoi !

Chloé : Mais pas du tout, je t'assure. Je ne le fais pas pour moi. Ces gens sont très motivés et sympas. Tu devrais essayer, d'ailleurs on manque de bénévoles.

Baptiste : Ce n'est pas pour moi. Je n'ai pas envie de jouer au petit prof. Et tu ne sais même pas s'ils apprennent vraiment.

Chloé : Tu as tort, Baptiste, de voir les choses comme ça. Je les aide, ces gens. C'est important pour eux d'apprendre à lire et à écrire. Ça ne te dirait vraiment pas ?

Baptiste : Définitivement non. Moi, je veux aider les gens sur le court terme. Moi je me suis engagé aux Restos du cœur. J'y vais surtout l'hiver une ou deux fois par semaine. On prépare des paniers repas et on les distribue aux familles qui en ont besoin. Au moins, c'est du concret et je suis utile.

Chloé : Je vois. C'est bien aussi ce que tu fais. Bon alors, je reviens à ma question. Tu n'aurais pas une idée pour trouver des bénévoles ?

Baptiste : Toi, tu as vraiment de la suite dans les idées… Tu devrais peut-être voir avec le groupe Action solidaire de la fac. Ils recensent des étudiants prêts à aider les gens dans le besoin. Ils font des choses super : l'hiver dernier, ils avaient obtenu des tentes et des sacs de couchage pour des sans-abri. Va les voir, ils sont au bureau 113. Je suis presque sûr qu'ils pourront te proposer des étudiants volontaires.

Chloé : Merci Baptiste, j'y passerai dans la semaine. Je file, je ne voudrais pas être en retard.

Baptiste : Tu as raison, le prof doit toujours donner le bon exemple. Bon cours !

◀ 1. Écoutez le dialogue et cochez les bonnes réponses.

	Vrai	Faux
1. Chloé donne des cours d'anglais.	☐	☐
2. Elle travaille un soir par semaine.	☐	☐
3. L'association où elle travaille recherche des bénévoles.	☐	☐
4. Baptiste donne du temps aux Restos du cœur.	☐	☐
5. Il travaille trois soirs par semaine.	☐	☐
6. Le groupe Action solidaire connaît des étudiants volontaires potentiels.	☐	☐
7. Le groupe va distribuer des tentes aux sans-abri cet hiver.	☐	☐

◀ 2. Réécoutez et répondez aux questions.

1. Les deux étudiants se connaissent : ☐ bien. ☐ pas du tout.

2. Ils emploient un ton : ☐ formel. ☐ informel. ☐ soutenu. ☐ amical.

3. Quelles expressions emploie Chloé pour insister dans sa demande ?

4. Quelles expressions emploie Baptiste pour dénigrer l'action de Chloé ? Pour signifier l'insistance de Chloé ?

■ *RÉUNION SOLIDARITÉ* piste 44

Fabienne : Bonjour mesdames. Nous ne nous sommes pas revues depuis le mois dernier. Avez-vous réfléchi à des projets solidaires pour cette fin d'année ?

Cécile : Oui Fabienne, nous pourrions organiser une collecte de vêtements au profit des plus démunis, une sorte de vide-dressings. Qu'en pensez-vous ?

Marie : Une sorte de vide-greniers ? Non, Cécile, je ne suis pas franchement d'accord avec vous ; ça s'est déjà fait et on récupère plein de vieux vêtements immettables.

Cécile : Attendez, laissez-moi continuer : nous allons vers l'hiver, donc nous pourrions demander seulement des vêtements chauds, propres et en bon état.

Fabienne : Je conserve votre idée Cécile. Et vous, Claire, vous n'avez pas parlé ?

Claire : À la maison de retraite, il y a des personnes isolées et nous pourrions, une fois par mois peut-être, leur rendre visite et organiser des petits goûters avec des jeux.

Marie : Sincèrement, Claire, vous ne trouvez pas que ça fait un peu bonnes œuvres ? Moi je suis contre.

Fabienne : Franchement, Marie, je ne vous comprends pas. Vous ne proposez rien mais vous rejetez toutes nos propositions.

Marie : Mais Fabienne, contrairement à ce que vous pensez, j'ai moi aussi une idée pour Noël : nous devrions organiser une collecte de jouets en bon état et nous les distribuerions en mairie aux familles les plus pauvres. Mon mari est adjoint au maire et il serait d'accord pour nous aider.

Fabienne : Votre proposition, Marie, me semble tout à fait réalisable. Qu'en pensez-vous, Cécile et Claire ?

Cécile : Je suis entièrement d'accord avec vous, mais j'insiste car je tiens à mon idée ; nous pourrions collecter en même temps des jouets et des vêtements chauds.

Claire : L'idée me semble excellente. Dans ce cas, nous pourrions reporter nos visites à la maison de retraite en janvier, quand les journées sont bien tristes, non ?

Fabienne : C'est d'accord, faisons ainsi. Marie, je vous laisse voir avec la mairie pour réserver une date et nous, nous préparons dès maintenant l'affichage et le mail annonçant la collecte. Voilà une réunion très productive. Je vous sers du thé ?

◀≣ 1. Écoutez le dialogue et complétez la grille.

	Propositions	Commentaires	Projet retenu	Dates
Cécile				
Claire				
Marie				

◀≣ 2. Réécoutez et répondez aux questions.

1. Ces quatre femmes emploient un ton : ☐ amical. ☐ familier. ☐ formel.

2. Quelles expressions emploient-elles pour contester ? nier ? donner la parole ? insister ?

> ▸ *Remarque*
> Dans une discussion, une réunion, chacun doit prendre la parole à tour de rôle et s'écouter sans se couper la parole. Dans une réunion formelle, une personne sera souvent désignée pour distribuer la parole et gérer le temps de chaque intervention.

POUR PRENDRE LA PAROLE

Vous pouvez employer des expressions telles que :
• J'ai quelque chose à dire.
• J'aimerais faire une remarque / ajouter quelque chose.
• Je souhaite m'exprimer sur ce point.
• Je demande la parole. (*Dans une réunion.*)
• Puis-je / je voudrais faire un commentaire.

POUR CONTESTER

• Je ne suis pas (du tout) d'accord avec vous.
• On pourrait envisager les choses autrement.
• Je me permets de revenir sur votre proposition / vos propos.

POUR GARDER LA PAROLE

• Je voudrais poursuivre / continuer.
• Je n'ai pas fini et vous demande de m'écouter jusqu'au bout de ma présentation.
• J'aimerais / Laissez-moi finir de vous présenter ma proposition.

POUR INSISTER

• J'insiste / Je me permets d'insister sur ce problème / ce point.
• Je voudrais attirer votre attention sur ce point.
• Je repose ma question et j'aimerais qu'on l'étudie / qu'on y réponde.
• Je voudrais qu'on tienne compte de ma proposition, j'y tiens beaucoup.
• Ce point est capital et j'aimerais qu'on s'y intéresse tout particulièrement.
• Je souhaite qu'on examine cette situation avec soin.
• J'aimerais qu'on s'attarde davantage sur ce problème.

POUR S'ENGAGER DANS UNE CAUSE

• Je voudrais me rendre utile, je me sens concerné(e).
• Je suis sensibilisé(e) à votre cause et je souhaite y souscrire.
• Je veux prendre part à votre action de solidarité.
• Je souhaite m'engager auprès des plus démunis.
• J'aimerais jouer un rôle dans votre action solidaire.
• Moi aussi je défends la solidarité et je veux participer à votre programme.
• Je signe la pétition pour le programme de solidarité nationale / régionale.

CONTESTER, NIER, INSISTER

1. **Lisez les phrases suivantes et classez-les.**

1. J'aimerais qu'on examine tout particulièrement cette situation.

2. Je souhaite ajouter un commentaire.

3. Je suis en partie d'accord avec vous mais il me semble qu'il serait bon d'étudier les conséquences possibles de votre décision.

4. Donnez-moi la pétition, je veux la signer.

5. Je demande la parole.

6. Je me permets de revenir sur ce point qui nécessite une attention toute particulière.

7. J'ai quelque chose à ajouter.

8. Je souhaite m'engager dans votre cause .

9. Je ne suis pas du tout d'accord avec vous.

10. Je tiens beaucoup à cette affaire et j'aimerais qu'on s'y attarde davantage.

11. Vous avez tout à fait raison mais j'aimerais ajouter quelques éléments à votre présentation.

12. Pourriez-vous me laisser finir ?

13. Votre action m'intéresse et je voudrais y prendre part.

14. Vous avez longtemps parlé et j'aimerais moi aussi pouvoir m'exprimer sur ce sujet.

• Pour prendre la parole : **1,** _____

• Pour contester : _____

• Pour garder la parole : _____

• Pour insister : _____

2. **Pour prendre la parole et la garder – Complétez les phrases avec les expressions suivantes à la forme qui convient.**

exprimer – ajouter – poursuivre – ~~prendre~~ – laisser - continuer – terminer – revenir –
demander – dire – faire – parler – prononcer – garder

✎ *Exemple : J'aimerais **prendre** la parole.*

1. Je souhaite m'_____ à ce sujet et je _____ la parole.

2. Pourriez-vous me laisser _____ ; j'ai quelque chose d'important à _____ .

3. Mme Leroux n'a pas terminé et elle voudrait _____ . Pourriez-vous l'écouter, s'il vous plaît ?

4. Je ne me suis pas encore _____ et j'ai des éléments à ajouter au dossier.

5. S'il vous plaît, _____-moi donner mon point de vue.

6. Je n'ai pas encore exprimé mon point de vue et je voudrais _____ ce que je pense de cette situation.

7. Je souhaite _____ un commentaire.

8. Vous ne m'avez pas laissé le temps de _____ ma présentation et je souhaite _____ la parole.

9. Laissez _____ M. Dubois, chacun aura la parole.

10. En effet, j'aimerais _____ sur certains points que nous avons survolés.

3. Pour contester – Reliez les éléments pour faire des phrases complètes.

1. *Je ne suis*
2. Il me semble
3. Je suis profondément
4. Je ne partage pas
5. Nous devrions
6. Je me permets
7. J'aimerais revenir

a. envisager les choses sous un autre angle.
b. sur vos propos qui me semblent excessifs.
c. opposé à votre position.
d. *pas du tout de votre avis.*
e. de vous contredire.
f. que vous faites erreur.
g. votre façon d'envisager la situation.

4. Pour insister – Utilisez les expressions de la page précédente et réagissez aux situations suivantes.

1. Une personne vous a coupé la parole dans une réunion professionnelle sans vous laisser le temps d'exposer votre proposition jusqu'à la fin.

2. Les personnes autour de la table de la réunion s'intéressent davantage aux boissons qui sont apportées qu'à votre présentation.

3. Au cours d'un repas amical, un convive fait un commentaire qui n'a rien à voir avec le sujet important que vous abordiez.

5. Production orale – Imaginez un dialogue dans la situation suivante.

a. **Trois interlocuteurs. A lance une discussion sur un organisme caritatif (Croix-Rouge, Médecins sans frontières, Armée du salut…). B conteste les activités de cet organisme, A insiste et C demande à prendre la parole.**

b. **Deux interlocuteurs. Vous participez à une réunion d'une association défendant les réfugiés. À la fin de la réunion, vous rencontrez le responsable de l'association pour manifester votre souhait de vous engager. Vous préparez votre présentation en insistant sur votre motivation.**

c. **Vous faites partie d'une association pour défendre les droits des jeunes issus de quartiers difficiles. Vous préparez des arguments destinés au voisinage pour les sensibiliser à cette cause.**

FAIRE UNE CRITIQUE SUR UNE ŒUVRE

■ *CONCERT D'ÉRIC SÉVA* piste 45

> **La femme :** Alors, tu as aimé le concert ?
>
> **L'homme :** J'ai trouvé le groupe formidable. Des morceaux de blues remarquables. D'habitude, Éric Séva fait plutôt du jazz, mais c'est intéressant ce glissement vers le blues. Merci de m'avoir indiqué ce concert. En plus, il ne passe pas très souvent à Paris.
>
> **La femme :** C'était sympa d'y aller ensemble. J'ai bien aimé l'idée d'inviter dans le concert ces chanteurs de blues noirs américains c'était original ; quelles belles voix ils avaient !
>
> **L'homme :** Moi j'ai beaucoup apprécié le jeu d'Éric au saxophone, il donne beaucoup de variations, de sensibilité et c'est très imagé. Je trouve qu'il joue de mieux en mieux.
>
> **La femme :** C'est vrai. J'ai adoré le morceau où il imite un train, un rythme incroyable. C'était formidable, en fermant les yeux, on voyait ce train roulant à toute vitesse à travers le Sud américain.
>
> **L'homme :** Et le batteur, il était exceptionnel aussi.
>
> **La femme :** Son bassiste et son guitariste aussi, tu sais, étaient très forts.
>
> **L'homme :** Tu as raison. Mais, j'ai oublié d'acheter son album, j'y retourne. Tu m'attends, j'en ai pour une minute ? Je vais l'offrir à Laure qui n'a pas pu venir ce soir. Je suis sûr que ça lui fera très plaisir.
>
> **La femme :** Excellente idée, je vais le prendre moi aussi. Je le chargerai sur mon smartphone et il bercera mes trajets en métro.

🔊 1. Écoutez le dialogue et répondez aux questions.

1. Les deux personnes parlent de quoi ? _____

2. Ont-elles le même avis sur le spectacle ? _____

3. Quels instruments sont cités ?

☐ Le piano.   ☐ Le saxophone.   ☐ La trompette.   ☐ La batterie.   ☐ La guitare.   ☐ La basse.

4. Y avait il des chanteurs ? De quelle nationalité ? _____

5. Quel morceau a surpris la femme ? _____

6. Pourquoi les deux personnes reviennent-elles dans la salle ? _____

7. Quand la femme écoutera-t-elle ces morceaux ? _____

🔊 2. Réécoutez et notez les éléments critiques sur :

1. le groupe : _____

2. la musique : _____

3. le chanteur : _____

4. les musiciens : _____

■ *LA CANOPÉE DES HALLES* piste 46

Charles : Alors tu voulais voir des nouveautés à Paris. Regarde c'est la Canopée. On l'a inaugurée, je crois, au printemps 2016. Je pense que tu ne l'as pas encore vue.

Noémie : Non c'est vrai. C'est étonnant. On dirait une grosse feuille qui ondule. Moi je trouve ça plutôt réussi. Et toi ?

Charles : Personnellement, je n'aime pas beaucoup, ce gris jaunâtre, je trouve ça triste. Je suis venu un jour de pluie et ça fuyait de partout. Les escaliers ressemblaient à des fontaines. Cela dit, l'effet était intéressant, mais je pense que ce n'était pas prévu. Et toi, Gabin, tu trouves ça joli ?

Gabin : Moi je trouve que ça ressemble à un vaisseau spatial… ou plutôt à un énorme poisson volant ! Ça me plaît beaucoup !

Noémie : Tant mieux mon chéri. Tu pourras faire un dessin ce soir.

Gabin : Maman, il y a un jardin là-bas. On peut y aller ?

Noémie : Promis, on ira tout à l'heure. Charles, je vois que tu n'apprécies toujours pas l'art contemporain. Pourtant cette canopée est aérienne malgré sa taille et, au moins, elle met à l'abri les gens qui vont faire leurs courses dans le centre commercial. Je trouve ces écailles de verre très élégantes et futuristes.

Charles : Tu n'arriveras pas à me convaincre. Tu me connais, je ne change pas. Et puis ces travaux ont coûté une fortune à la ville. En plus, le chantier a duré pendant cinq ans et tout le quartier en a souffert. Non, franchement, je trouve le résultat très décevant…

Noémie : Arrête Charles, quand tu parles comme ça, on dirait que tu as quatre-vingts ans ; il faut vivre avec son temps. Ça, c'est vraiment un bâtiment du XXIᵉ siècle. Il faut bien que Paris se modernise, non ?

Charles : Allez, on peut maintenant aller vers le jardin pour Gabin et, si on s'assoit sur un banc, on pourra admirer le quartier de Saint-Eustache.

Noémie : Et là on replonge dans le vieux Paris que tu aimes tant.

◀€ 1. Écoutez le dialogue et cochez les bonnes réponses.

	Vrai	Faux
1. Deux adultes et un enfant découvrent un bâtiment récent.	☐	☐
2. La femme le trouve très élégant.	☐	☐
3. L'homme le trouve exceptionnel.	☐	☐
4. L'enfant le compare à un énorme monstre.	☐	☐
5. L'homme adore l'architecture contemporaine.	☐	☐
6. La femme essaie de le faire changer d'avis.	☐	☐
7. Ils vont ensuite se promener dans un centre commercial.	☐	☐

◀€ 2. Réécoutez et indiquez le degré de relation :

• entre l'homme et la femme : _____

• entre la femme et l'enfant : _____

3. Relevez les expressions pour indiquer une critique positive ; une critique négative.

FAIRE UNE CRITIQUE SUR UNE ŒUVRE

Lorsque l'on découvre à plusieurs une exposition, une architecture, une œuvre d'art (un concert, des peintures, des sculptures, des photographies, une pièce de théâtre, un film…) on formule souvent pendant ou, plus souvent, après une critique ; on échange ses avis positifs ou négatifs et on donne des explications sur ce qu'on aime ou pas.

POUR DONNER UNE OPINION POSITIVE

- J'ai beaucoup aimé.
- J'ai trouvé ça trop bien. / C'était cool / top / génial.

- J'ai adoré / j'ai beaucoup aimé. / Ça m'a beaucoup plu.
- C'était / J'ai trouvé ça magnifique / formidable /exceptionnel / remarquable / grandiose.

POUR DONNER UN AVIS MITIGÉ

- Bof ! Ce n'était pas terrible.
- C'était / J'ai trouvé ça très moyen. / Je suis un peu déçu(e).
- J'ai vu mieux. / J'ai aimé certaines choses mais pas tout.

- Je n'ai pas été / Ça ne m'a pas enthousiasmé(e) / fasciné(e).
- Je n'ai pas adoré / Je m'attendais à mieux.
- Ce spectacle / concert m'a déçu(e). / Je n'ai pas trouvé ça exceptionnel.
- J'ai un avis très partagé.

POUR DONNER UNE OPINION NÉGATIVE

- C'était nul ! / Ça ne valait rien.
- (C'était) Sans aucun intérêt. / Je me suis ennuyé(e) ; j'ai trouvé ça long.
- Si j'avais su, je ne serais pas venu(e).
- J'ai vraiment perdu mon temps et mon argent.

- Je suis très déçu(e) et je ne recommanderai ce spectacle à personne.
- C'était très décevant / très médiocre.
- C'était du déjà vu.
- Ce n'était pas du tout original.
- Ça n'avait aucun intérêt.

POUR JUSTIFIER UN AVIS POSITIF SUR UNE ŒUVRE ARTISTIQUE

- L'interprétation de l'œuvre était très personnelle / originale.
- Les musiciens étaient excellents. / Le chef d'orchestre était admirable.
- La chorégraphie était superbe.
- Les danseurs étaient exceptionnels par leur légèreté, leur technique, leur grâce.
- La musique était totalement en harmonie avec la danse.
- Les décors et les costumes étaient remarquables.
- Les acteurs étaient excellents. / Leur diction était irréprochable.
- La mise en scène était très novatrice.
- C'est grandiose / magnifique / somptueux / impressionnant.
- C'était très intéressant / magnifique / original.
- La scénographie de l'exposition était très bien agencée / organisée.
- L'intrigue était passionnante / très intéressante.
- Le rythme du film était parfait, aucune longueur.

• Je n'arrivais pas à lâcher mon livre. / L'intrigue du roman est très prenante.
• La psychologie des personnages est très approfondie.
• Le style est exceptionnel.

POUR JUSTIFIER UN AVIS NÉGATIF SUR UNE ŒUVRE ARTISTIQUE

• La musique était trop forte. / On n'entendait pas bien certains instruments.
• L'interprétation n'était pas originale.
• La scène n'était pas assez grande et on voyait mal.
• Les danseurs manquaient de grâce, ne suivaient pas la musique.
• La chorégraphie n'était pas très originale.
• Les décors et les costumes étaient trop chargés.
• La voix de certains acteurs ne portait pas.
• La mise en scène était trop classique par rapport au texte.
• L'adaptation de la pièce était ridicule.
• Cette architecture est lourde, trop massive, prétentieuse. / Ce bâtiment manque d'élégance.
• Ça choque dans ce quartier.
• Cette exposition est mal organisée ne m'a rien apporté et je la trouve incohérente.
• Les œuvres n'ont pas de ligne conductrice.
• Ces œuvres ne me parlent pas, je n'y suis pas sensible.
• Il y a beaucoup de longueurs et j'ai failli m'endormir. / L'intrigue est sans intérêt et peu crédible.
• L'acteur principal joue mal/faux.
• J'ai trouvé ce roman sans intérêt.
• L'intrigue est mal construite. / Les personnages n'ont aucune épaisseur.
• C'est mal écrit.

1. **a. Lisez ces phrases et indiquez s'il s'agit d'une critique positive ou négative.**

	Critique positive	Critique négative
1. Cette mise en scène m'a époustouflé.	✔	☐
2. J'ai détesté le jeu des acteurs.	☐	☐
3. Le chef d'orchestre était sublime.	☐	☐
4. J'adore cette chorégraphie moderne.	☐	☐
5. L'intrigue est totalement dépourvue d'intérêt.	☐	☐
6. Les acteurs ont une diction admirable.	☐	☐
7. J'ai détesté la musique du film.	☐	☐
8. Ce concert ? Je l'ai trouvé nul.	☐	☐
9. Le livre m'est tombé des mains et je n'ai pas pu aller jusqu'au bout.	☐	☐
10. Le ballet était remarquable ainsi que la musique.	☐	☐
11. Les comédiens étaient très irréguliers.	☐	☐
12. Les décors et les costumes étaient remarquables.	☐	☐
13. Cette architecture grandiose est impressionnante.	☐	☐
14. Je ne ressens rien devant cette peinture abstraite.	☐	☐
15. Ces photos ne dégagent rien pour moi.	☐	☐
16. Ce roman est exceptionnel ; il faut absolument le lire.	☐	☐
17. Bof, je me suis ennuyé.	☐	☐

b. Relisez les phrases et indiquez si le ton est formel ou informel.

• Ton formel : **1**, _____

• Ton informel : _____

c. Classez ces phrases.

• Un concert : _____

• Un ballet : _____

• Une pièce de théâtre : **1**, _____

• Une exposition : _____

• Un bâtiment : _____

• Un film : _____

• Un roman : _____

2. **Reliez l'opinion et le commentaire qui lui convient.**

1. *J'ai trouvé ce roman exceptionnel*

2. J'ai détesté cette mise en scène

3. Ce concert était exceptionnel

4. Le film ne m'a pas plu

5. Je n'ai pas beaucoup aimé l'expo

6. Je trouve ce bâtiment horrible

7. Je suis très déçu par ce spectacle

a. et je crois même que je me suis endormi à plusieurs reprises.

b. avec des musiciens tellement excellents.

c. la danse et la musique n'étaient pas en harmonie.

d. les salles n'étaient pas fléchées et on se perdait.

e. *l'écriture est magnifique et l'histoire passionnante.*

f. il est beaucoup trop massif.

g. les acteurs se déplaçaient dans tous les sens et c'était fouillis.

3. **Donnez votre avis sur une œuvre : Répondez en tenant compte des indications données**

✐ *Exemple : J'ai adoré la pièce et toi ? (mitigé/ critique des décors) →* ***J'ai trouvé l'intrigue bien menée mais les décors n'allaient pas avec le texte***

1. Ce concert était nul, tu ne trouves pas ? (négatif/ trop fort)

2. Ce roman est formidable à mon goût. Tu l'as aimé ? (négatif/ennui)

3. Je n'aime pas ces peintures, elles sont trop abstraites pour moi. Et toi, tu en penses quoi ? (positif / interprétation personnelle possible et poésie)

4. Ce film était tellement lent ! J'ai failli m'endormir… (positif/ excellents acteurs)

5. Ce bâtiment est exceptionnel tu ne trouves pas ? (négatif/ trop massif inadapté au quartier)

4. **Production orale.**

a. Vous êtes allé(e) à un spectacle avec un(e) ami(e) qui a beaucoup aimé. Vous, moins. Imaginez le dialogue et les arguments

b. Vous adorez le théâtre. Vous emmenez un(e) ami(e) voir une pièce contemporaine. Vous avez beaucoup aimé la pièce, elle non. Vous essayez de lui expliquer ce qui vous a plu.

24 DÉFENDRE UNE CAUSE

■ *RÉUNION DU GROUPE ÉCOLOGIE* piste 47

Pierre : Tu sais, Anna, que notre réunion Groupe écologie est prévue le mardi 15 janvier vers 18 h 30. On doit y présenter nos projets d'actions pour l'année 2018. Elle aura lieu chez moi. Tu viens bien sûr avec Rachel ?

Anna : Rachel est informée ?

Pierre : Je ne suis pas certain. Il vaudrait mieux que tu l'appelles.

Anna : D'accord, je le fais tout de suite (…) Allô Rachel ? Elle n'est pas là. Je tombe sur son répondeur….

Anna *(au téléphone)* **:** Rachel, bonjour, c'est Anna. Je suis avec Pierre. Il me rappelle que la réunion de notre groupe écologie aura lieu le 15 janvier vers 18 h 30-19 h chez lui. C'est important que tu sois là. Rappelle-moi dès que possible. Bises. *(À Pierre)* Voilà, c'est fait. J'espère qu'elle pourra venir. Tu as des projets à proposer ?

Pierre : Oui, je propose de créer un potager partagé derrière la maison de retraite Ce serait bien pour les résidents qui pourraient participer aux activités de jardinage. Je suis sûr que certaines personnes âgées connaissent plein de choses dans ce domaine et elles pourraient les faire partager aux gens du village.

Anna : C'est une excellente idée. On pourrait aussi y emmener les enfants des centres aérés le mercredi ; comme ça, les enfants et les retraités pourraient établir des liens. Je suis certaine que ton idée sera retenue.

Pierre : Et toi, tu as un projet à proposer ?

Anna : Oui, je voudrais que nos enfants mangent mieux à la cantine. On pourrait demander au maire de servir des repas à base d'aliments bios. Ça se pratique dans beaucoup de communes et, si c'est bien géré, ça coûte à peine plus cher. Je pourrais contacter des cultivateurs bios du coin. J'en connais pas mal dans la région. Et puis entre une barre chocolatée pleine de sucre, de gras et une bonne pomme, la différence de prix est ridicule, mais c'est tellement meilleur pour la santé !

Pierre : Ton idée me plaît bien mais il va falloir convaincre le maire. Je pense que tu sauras trouver les arguments pour le convaincre.

🔊 **Écoutez le dialogue et répondez aux questions.**

1. Complétez les informations concernant les projets.

	Objet	Lieu	Personnes concernées
Projet de Pierre :			
Projet d'Anna :			

2. L'alimentation bio dans une cantine scolaire est :

☐ aussi ☐ un peu plus ☐ beaucoup plus ☐ chère que l'alimentation normale

3. Relevez les expressions pour marquer l'accord ; la difficulté.

■ *L'INSTALLATION D'ÉOLIENNES À VILLARD* piste **48**

(Fin de réunion du conseil municipal d'une petite ville.)

Le maire : Enfin notre dernier sujet. En juin dernier, le conseil municipal a réfléchi à l'installation de six éoliennes sur le plateau du Four, à 1,7 kilomètre du village. Nous avons reçu une étude de faisabilité très positive. Les travaux pourraient commencer d'ici deux ans. Les propriétaires des terrains ont été informés mais certains sont encore très réticents à ce projet. À nous de les convaincre. Mme Leroux, pouvez-vous nous présenter les arguments des opposants et détracteurs ?

Mme Leroux : Le premier obstacle semble être la nuisance pour le paysage, ce qui entraînerait une baisse du tourisme et des prix de l'immobilier. Les environs de notre commune seront en effet abimés par ces mâts de 100 mètres visibles de partout. Le second problème relève du bruit occasionné par ces éoliennes.

M. Ramirez : Mais enfin, Mme Leroux, vous savez tout comme moi que les éoliennes seront installées sur des terrains agricoles, très éloignés des lieux d'habitation, donc personne n'entendra quoi que ce soit.

Le maire : Je vous en prie, M. Ramirez. Laissez finir Mme Leroux et nous discuterons ensuite.

Mme Leroux : Justement, les propriétaires des terrains concernés s'inquiètent de voir leurs terres traversées par des bulldozers qui vont abîmer leurs champs. Et ça, c'est indéniable. C'est là mon dernier point d'opposition.

M. Ramirez : Oui, mais ils recevront une forte compensation financière pour couvrir les dommages.

Le maire : Merci Mme Leroux. Maintenant, M. Blanchard, la parole est à vous. Pourriez-vous nous rappeler brièvement quels bénéfices en tireront les habitants de Villard ?

M. Blanchard : Tout d'abord, l'énergie éolienne permettra de réduire les effets du réchauffement climatique, ce qui est essentiel pour les générations à venir. Au niveau financier, la commune bénéficiera d'une réduction d'impôts qui permettra la construction d'un centre culturel avec une médiathèque. Ainsi, tous les habitants pourront profiter de ces nouvelles installations.

Le maire : Alors, à nous de convaincre les derniers détracteurs ; mais avant de poursuivre, je propose une pause-café.

Mme Leroux : En effet, rien de tel qu'un bon café pour garder les idées claires !

◀ 1. Écoutez le dialogue et remplissez la grille concernant le projet.

Nombre d'éoliennes : _____   Date du début possible des travaux : _____

Inconvénients pour les habitants	Avantages pour les habitants
1.	1.
2.	2.
3.	3.

Quelle tâche reste à faire ? _____

◀ 2. Réécoutez et répondez aux questions.

1. Quel est le niveau de langage utilisé entre les personnes du conseil municipal ? _____

2. Les échanges sont : ☐ tendus. ☐ paisibles. ☐ agressifs.

Pour défendre une cause, il est important d'abord de présenter la situation d'une façon organisée. On peut en évoquer la raison. Ensuite il convient d'exposer les conséquences possibles. Enfin il faudra donner la finalité. Pour argumenter, il conviendra d'abord de capter l'attention des autres pour les convaincre lors d'une argumentation progressive en tenant compte éventuellement d'arguments présentés par des personnes opposantes. Le discours pour défendre une cause se fait à l'aide de **connecteurs logiques**.

POUR PRÉSENTER UNE SITUATION

On peut organiser chronologiquement sa présentation.
• en premier lieu / (tout) d'abord / pour commencer / premièrement
• puis / ensuite / après / en second lieu
• enfin / pour finir / en dernier point / pour conclure.

POUR AJOUTER OU PRÉCISER

Pour ajouter un élément
• de plus / d'ailleurs / en outre
Pour illustrer
• par exemple / ainsi / notamment / d'ailleurs
Pour corriger ou préciser
• en réalité / en fait / à vrai dire / plutôt
Pour comparer
• comme, de même (que), de la même façon, autant (que), aussi /plus/moins (que)

POUR ANNONCER UNE CONDITION

• si (*suivi de l'ndicatif*) :
  Si les partisans de ce changement s'étaient prononcés à temps, nous n'en serions pas là aujourd'hui.
• en supposant que / en admettant que / à condition que / pourvu que (*suivis du subjonctif*) :
  En admettant que les partisans de ce changement se soient prononcés à temps, nous n'en serions pas là aujourd'hui.

POUR FORMULER UNE CAUSE

• comme / parce que / puisque / car (+ *indicatif*) :
  Comme les suites étaient prévisibles, nous aurions dû être plus vigilants. / Nous aurions dû être plus vigilants puisque les suites étaient prévisibles.
• en raison de / à cause de / grâce à (+ *nom*)

POUR FORMULER UNE CONSÉQUENCE

• donc / ainsi / aussi / c'est pourquoi / en conséquence / de sorte que :
  Nous sommes convaincus du résultat aussi / donc / ainsi nous votons pour ce projet.

POUR EXPLIQUER, DÉVELOPPER UNE IDÉE

• en effet : Je trouve ce projet très dangereux :
  En effet, l'implantation d'une centrale nucléaire présente des risques élevés pour la population.

POUR EXPRIMER LA FINALITÉ

• pour / afin de / en vue de (+ *infinitif*)
• afin que / pour que (+ *subjonctif*)

> ▸ **Remarque**
> **Afin** de et **pour** sont suivis de l'infinitif quand le sujet des deux parties de phrase est identique.
> S'ils sont différents, on emploie **afin que** ou **pour que** suivis du **subjonctif** :
> – *Afin de procéder au vote, je propose que nous fassions une synthèse des idées présentées.*
> – *Afin que nous procédions au vote, je propose que nous fassions une synthèse des idées présentées.*

POUR PERMETTRE UNE TRANSITION

• Passons maintenant à / envisageons maintenant…
Lorsque le raisonnement marque une rupture, une opposition, on peut rencontrer plusieurs formes de discours.

La concession
• malgré / en dépit de (+ *nom*) :
Malgré le peu de représentants, nous allons poursuivre notre réunion.
• *cependant/ néanmoins / pourtant*
• même si (+ *indicatif*)
• quoique /bien que (+ *subjonctif*) :
Bien que nous ayons peu de représentants, nous allons poursuivre notre réunion.

L'alternative
• soit… soit / ou (bien)… ou (bien) :
Soit /Ou bien nous poursuivons l'étude du projet, soit /ou bien nous l'abandonnons.
• d'un côté… de l'autre / d'une part… d'autre part

L'opposition
• mais / en revanche / au contraire / en fait
• alors que
En fait, je pense que ce deuxième projet est difficilement réalisable. En revanche, le premier me paraît très adapté à notre situation.

L'approximation
• presque : *Presque tous les habitants sont d'accord.*
• d'une certaine manière
• probablement / apparemment : *Apparemment la population est favorable.*

La restriction
• mis à part / excepté / seulement / du moins / ne… que : *Mis à part le coût des travaux, tout est réglé.*

La conclusion
• bref / en somme / donc
• en guise de conclusion / en conclusion / pour conclure

1. **Présentez les éléments chronologiquement, sans donner de dates. Utilisez des repères temporels au choix :** *(tout) d'abord, en premier lieu, (et) puis, plus tard, ensuite, enfin, par la suite.*

1. Le 30 novembre, la déchetterie a ouvert ses portes au public.

2. Le 1er juin, le terrain destiné à la déchetterie a été acheté par la commune.

3. Le 18 janvier, nous avons décidé l'installation d'un centre de tri des déchets.

4. Le 20 septembre, les raccordements en eau et en électricité ont été achevés.

5. Le 12 juillet, les travaux de terrassement ont commencé.

6. Le 15 août, un bungalow a été installé pour abriter les employés communaux.

2. Exprimez la cause et la conséquence. Lisez les phrases et soulignez le mot qui convient

*✎ Exemple : Car / en raison / **comme** la municipalité souhaite réduire la consommation d'électricité de la ville, dorénavant les éclairages des rues s'éteindront à minuit.*

1. En raison /parce que/ aussi des pluies violentes de ces derniers jours, on a décidé de renforcer la digue du port.

2. La création d'un centre écologique a été votée car/ puisque/ ainsi il devrait ouvrir ses portes dans le courant de l'année prochaine

3. Notre facture d'électricité était très importante car/c'est pourquoi / parce que nous avons décidé d'installer des panneaux de chauffage solaire.

4. Car/puisque/ donc vous refusez de valider l'installation d'éoliennes, nous serons dans l'obligation d'abandonner ce projet.

5. La commune a décidé d'améliorer la qualité de l'air alors/car/alors des arbres seront plantés le long des artères principales.

3. Exprimer la finalité – Assemblez les éléments pour faire des phrases.

1. *Nous réaménagerons la maison de retraite* inviter les enfants à découvrir la nature.

2. Nous faisons une sensibilisation que les enfants changent de milieu.

afin

3. On installera un jardin partagé que les voisins la découvrent.

pour

4. L'association va éditer un tract réduire la consommation électrique.

en vue de

5. L'instituteur organise des classes vertes →*que les chambres soient plus confortables.*

6. Il faut éteindre les lumières la semaine de la Nature.

4. La concession – Faites des phrases à partir des éléments donnés

✎ Exemple : Certains produits toxiques sont retirés de la vente. / Beaucoup sont encore commercialisés. (malgré)

→ *Malgré le retrait de la vente de certains produits toxiques, beaucoup sont encore commercialisés*

1. Les centrales nucléaires présentent un danger reconnu. / Elles continuent de fonctionner. (même si)

_____

2. Le parti écologique est important sur la région. / Il n'est pas très représenté au gouvernement. (bien que) _____

3. Les zones désertiques s'étendent sur la planète. / Peu de personnes s'en soucient. (cependant)

_____

4. Les voitures diésel polluent beaucoup. / Les automobilistes les jugent plus économiques. (quoique)

_____

5. Production orale – Définissez une cause écologique à défendre parmi les thèmes suivants : le tri des ordures, le démantèlement des centrales nucléaires, la gratuité de transports collectifs urbains, l'installation de pistes cyclables dans les villes, la lutte contre les engrais et produits toxiques dans l'agriculture, la défense des produits bios.

Cherchez les documents pour et contre votre cause et faites-en deux listes. Retrouvez les articulateurs logiques, étudiés dans la leçon, qui vous seront utiles pour la défense de votre position. Enfin, imaginez un débat.

▪ BILAN 5

1. **Exprimer son opinion – Remettez les éléments dans l'ordre puis écrivez les phrases.**

✎ *Exemple : avis / sur / nous / ce / avoir / beaucoup / votre / aimerions / sujet → Nous aimerions beaucoup avoir votre avis sur ce sujet.*

1. du tout / partage / de / pas / parents / Louise / opinion / ne / l' / ses

_____

2. désolé / je / mesure / pas / aider / de / ne / mais / en / vous / suis

_____

3. sommes / à / fait / nous / avec / d'accord / vous / tout

_____

4. vous / la / vraiment / en / vaut / que / croyez / peine / ça / ?

_____

5. crains /prenant / fassiez / que / vous /décision / en / je / ne / erreur / cette

_____

2. **Que pourriez-vous dire dans chacune des situations suivantes concernant une réunion professionnelle ?**

✎ *Exemple : Vous participez à une réunion mais on ne vous a pas encore entendu et vous souhaitez parler.*

→ **« Excusez-moi mais je voudrais m'exprimer sur ce sujet. » / « J'ai un élément important à vous communiquer. »**

1. Un employé vient de vous couper la parole et vous souhaitez terminer ce que vous disiez.

_____

2. Vous n'êtes absolument pas d'accord avec la personne qui vient de s'exprimer.

_____

3. Vous tenez à défendre votre proposition et vous insistez.

_____

4. Vous attendez patiemment depuis le début de la réunion et vous levez la main pour qu'on vous donne la parole.

_____

3. **Complétez les phrases avec les mots suivants.**

d'accord – raison – erreur – opinion – parole – attention – propos – ~~proposition~~

✎ *Exemple : Je tiens beaucoup à ma **proposition** aussi je me permets d'insister.*

1. Je pense que mon voisin souhaite prendre la _____ afin de vous exposer son point de vue.
2. Ils pensent que ses _____ sont très excessifs et qu'il n'aurait pas dû parler ainsi.
3. Nous souhaitons attirer votre _____ sur un point essentiel du dossier.
4. Il me semble que vous faites _____ et que vous devriez reprendre vos arguments avec vos collègues.
5. Nous partageons votre _____ mais il faut relativiser vos propos.
6. Je ne suis pas du tout _____ avec vous et je crois que vous devriez y réfléchir plus longuement.
7. Je vous donne entièrement _____. N'hésitez pas à insister sur ce point.

■ BILAN 5

4. **La critique – Indiquez si ces critiques correspondent à une pièce de théâtre, à un concert ou à un film.**

	Théâtre	Concert	Film
1. La comédienne est remarquable. Quelle présence sur scène !	✔	☐	☐
2. Les voix du chœur étaient un peu couvertes par l'orchestre.	☐	☐	☐
3. J'ai trouvé que l'intrigue manquait un peu de suspens.	☐	☐	☐
4. J'ai adoré les paysages, très bien filmés.	☐	☐	☐
5. Les décors très sobres m'ont un peu dérouté.	☐	☐	☐
6. Quelle voix magnifique, cette soprano !	☐	☐	☐
7. La bande-son se mariait très bien avec les images.	☐	☐	☐
8. J'ai trouvé le chef d'orchestre un peu mou au deuxième mouvement.	☐	☐	☐

5. **Reprenez les phrases précédentes et donnez une critique contraire argumentée.**

✐ *Exemple :1. Je ne suis pas d'accord avec toi. J'ai trouvé qu'elle jouait faux.*

2. _____
3. _____
4. _____
5. _____
6. _____
7. _____
8. _____

6. **Complétez ce texte avec les expressions suivantes.**

afin – ~~dans un premier temps~~ – en conclusion – de plus – par ailleurs – de fait
– cependant – en fait – tout d'abord – ainsi – pour – en parallèle

LA MAIRE DE PARIS EN GUERRE CONTRE LES VÉHICULES DIESEL

Dans un premier temps, la maire avait provoqué quelques frayeurs en décembre 2014, quand elle avait affirmé vouloir « éradiquer* le diesel à Paris d'ici à 2020. » _____ , ce ne seront que les véhicules les plus anciens qui seront progressivement interdits dans la ville, ceci _____ d'atteindre la disparition du diesel dans Paris en 2024. Voici les principales mesures à retenir.

- _____ , une vignette Cri'Air sera apposée sur les véhicules les plus polluants.

_____ ils ne seront autorisés à circuler en semaine que de 8 h à 20 h.

_____ en cas de pic de pollution, la préfecture de police pourra décider de mettre en place une « circulation différenciée » _____ interdire la circulation aux véhicules trop anciens et _____ plus polluants.

- _____ la mairie souhaite aider les Parisiens ayant un véhicule antérieur à 2001 en proposant des réductions sur les abonnements Autolib' et Vélib'.

- _____ ces mêmes propriétaires pourront disposer d'une somme de 400 € pour l'achat d'un vélo.

- _____ afin de favoriser la circulation des véhicules électriques et hybrides, leurs propriétaires ne paieront pas le parking dans les rues de la capitale.

_____ on voit bien par ces mesures que la maire de Paris est prête à faire beaucoup d'efforts pour rendre la capitale plus verte et plus respirable !

* éradiquer : supprimer

LEXIQUE FRANÇAIS

Ce lexique alphabétique répertorie le vocabulaire essentiel des expressions de communication.
Abréviations : adj. (adjectif) ; adv. (adverbe) ; conj. (conjonction) ; f. (féminin) ; inv. (invariable) ; loc. (locution) ; n. (nom) ; m. (masculin) ; pl. (pluriel) ; prép. (préposition) ; v. (verbe).
Les numéros en couleur renvoient au(x) chapitre(s) où le terme est employé.

A.
1. abandonner v. (qch) — 24
2. abonnement n. m. — 10
3. abord n. m. (tout d'...) loc. — 24
4. abord (d'...) loc. — 16
5. abri (être à l'...) loc. v. — 7
6. absent/e adj. — 19
7. absolument adv.(... pas) — 15, 21
8. accéder v. — 19
9. accepter v. — 1, 4, 18
10. accès n. m. (donner ... à, loc.) — 16
11. accident n. m. — 18
12. accompagné/e adj. — 6
13. accompagner qq v. — 1
14. accord n. m. (être d'... avec qq, loc.) — 21, 22, 24
15. accorder (être d'accord / qch à qq) v. — 7, 21
16. accorder v. (un entretien à qq) — 19
17. accueil (service d'...) n. m. — 17, 18
18. achat n. m. — 20
19. acheter v. — 9, 20
20. acoustique n. f. — 10, 23
21. acquiescer v. — 21
22. acquitter (s'... de) v. — 18
23. acte n. m. (... de naissance) — 17
24. acteur/trice n. — 10, 15, 23
25. action n. f. — 22
26. activité (... sportive) n. f. — 10, 18
27. adaptation n. f. — 23
28. adapté/e adj. — 20
29. adapter v. — 24
30. addition n. f. — 6
31. admettant (en ... que) loc. — 24
32. administratif/ive adj. — 17, 18
33. administration n. f. — 17
34. admirable adj. — 15, 23
35. admiration n. f. — 15
36. admirer v. — 10, 15
37. adorer v. — 1, 11, 14, 23
38. adresser (s'... à) v. — 18
39. adresser v. — 16
40. aéroport n. m. — 9
41. afficher v. — 17
42. afin (de/que) loc. — 24
43. agence n. f. (de télécommunication) — 7, 20
44. agencé/e adj. — 23
45. agent n. m. — 9
46. agir v. — 5
47. aide (venir en ... à qq) loc. v. — 7
48. aide n. f. — 4, 11
49. aide (demander de l'... à qq) loc. v. — 19
50. aider qq v. — 4, 7, 9, 11
51. ailleurs (d'...) adv. — 24
52. aimer (j'aimerais) v. — 11, 19, 22
53. aimer v. — 14, 23
54. ainsi adv. — 21, 24
55. air (avoir l'...) loc. v. — 8
56. aise (être à l'...) loc. v. — 7
57. ajouter v. (qch) — 22, 24
58. allée n. f. — 9
59. aller v. (en fac) — 16
60. aller (bien/mal) loc. v. — 8
61. aller simple/...-retour n. m. — 9
62. allergie n. f. — 8
63. allergique adj. — 8
64. alors adv. — 24
65. alors que conj. — 20
66. alternative n. f. — 24
67. amabilité (avoir l'... de) loc. v. — 4
68. ambition n. f. — 12
69. ambitionner v. — 12
70. âme n. f. (trouver l'... sœur loc.) — 14
71. améliorer (s') v. — 5, 12, 19
72. amende n. f. — 9
73. ami/e n. — 10
74. amour n. m. (... fou) — 14
75. amoureux/se (être .../raide ...) adj. — 14
76. amphi (amphithéâtre) n. m. — 18
77. an n. m. — 16
78. analyse (... de sang, de selles, d'urine) n. f. — 8
79. anat', anatomie n. f. — 19
80. ancien/ne adj. — 18
81. ange n. m. — 14
82. angoisser (s') v. — 14
83. année n. f. — 12, 16, 18
84. anniversaire n. m. — 12
85. annonce n. f. — 16
86. annoncé/e adj. — 20
87. annoncer v. — 3, 17
88. annuler v. — 9
89. antécédents n. m. pl. — 8
90. apercevoir (s') v. — 20
91. apéritif n. m. — 6
92. apparemment adv. — 24
93. appel (faire ...) loc. v. — 4
94. appeler v. — 20
95. appétit n. m. — 8
96. apporter (qch à qq) v. — 2, 6, 18, 20, 23
97. appréciation n. f. (donner une .... sur qch/qq) loc. — 15
98. apprenant n. m. — 18
99. apprendre v. (un métier) — 16
100. approfondi/e adj. — 23
101. approximation n. f. — 24
102. après (d'... qq) loc. — 15
103. après adv. — 24
104. aptitude n. f. — 18
105. archi, architecture n. f. — 19, 23
106. argent n. m. — 7
107. argent (perdre son ...) loc. — 23
108. argumentation n. f. — 24
109. argumenter v. — 24
110. arranger (s') v. — 5
111. arrêter (la fac /les études) v. — 16
112. arriver v. (y / ne pas y..., loc.) — 3, 5, 13
113. article n. m. — 19, 20
114. artiste n — 15
115. artistique adj. — 23
116. aspirer (à) v. — 11, 12
117. assez adv. (en avoir ... de, loc.) — 14
118. assistant technique n. m. — 16
119. assistant/e social/e n. — 16
120. assister v. — 19
121. assurance responsabilité civile n. f. — 18
122. atmosphère n. f. — 23
123. attarder v. (s'... sur) — 22
124. attendre v. (que / ... mieux/ (s') ... à mieux) — 15, 20
125. attente n. f. (numéro d'...) — 6, 17
126. attention n. f. — 24
127. attestation n. f. — 18
128. attester v. — 17, 18
129. attirer v. (... l'attention de qq, loc.) — 22
130. aucun (intérêt) pr. — 23
131. audioguide n. m. — 10
132. auprès de prép. — 18, 22
133. aussi (que) adv. — 24
134. autant (que) adv. — 24
135. autodidacte adj./n. — 16
136. automatique adj. — 9
137. autrement adv. — 5, 22
138. avalé/e adj. — 20
139. avantage n. m. — 21
140. aventure n. f. (partir à l'...) loc. v. — 10
141. avenue n. f. — 9
142. avion n. m. — 9, 10
143. avis n. m. (demander /donner un ... sur qch/qq /à mon .../être de l'... de qq/être du même .../partager un ... avec qq) — 15, 17, 21, 23
144. avoir (un diplôme) loc. v. — 16
145. avoir n. m. — 20

B.
146. B.U. (bibliothèque universitaire) n. f. — 19
147. babiole n. f. — 2
148. bac, baccalauréat n. m. — 16
149. bachoter v. — 19
150. bagage cabine n. m. — 9
151. bail n. m. (avoir un ...) — 20
152. balcon (théâtre) n. m. — 10
153. balles n. f. pl. — 7
154. ballet n. m. — 23
155. banal/e adj. — 15
156. bancaire adj. — 7, 16
157. bande-son n. f. — 10, 23
158. banque n. f. — 7, 20
159. banquier/ière n. — 7
160. basket-ball n. m. — 10
161. bâtiment n. m. — 23
162. beau/belle adj. — 15
163. beaucoup adv. — 23
164. bénéficier (de) v. — 9, 19
165. besoin (avoir ... de) loc. v. — 4, 7, 11, 17
166. besoin n. m. — 7
167. bibliothèque n. f. — 18

Numéro de projet : 10281503

Dépôt légal : juin 2018

Imprimé en France en février 2022 par Estimprim 25110 Autechaux